1991년
잊 힌
퇴조의
출발점

1991년

잊   힌
퇴조의
출발점

백승욱

자유주의적
전환의 실패와
촛불의 오해

북콤마

1991년 종로 거리의 질문을 아직도 지키고 있는,

우리 시대의 가수 정태춘에게

차례

2부

1부

한국 사회에 자유주의 헤게모니는 있나
: 서문을 대신하여

창백한 불빛 아래 겹겹이 서로 몸 부대끼며

사람의 슬픔이라는 것이 다른 그 무엇이 아니구나

우리가 이렇게 돌아가는 곳도 이 열차의

또 다른 칸은 아닌가

아 그 눈빛들 어루만지는 그 손길들

우리는 이 긴긴 터널 위를 실려 가는

희망 없는 하나의 짐짝들이어서는 안 되지

우리는 이 평행선 궤도 위를 달려가는

끝끝내 지칠 줄 모르는 열차 그 자체는

결코 아니지 아니지 우리는

__정태춘·박은옥, '이 어두운 터널을 박차고'(1993)

자유주의 헤게모니의 질문

현 시기 한국 사회는 안팎으로 심각한 위기를 겪고 있다. 안으로는 통치 질서와 사상적 좌표가 심각하게 흔들리고 밖으로는 지난 70여 년간 유지돼온 동아시아 질서가 크게 요동치고 있다. 2022년 기이한 결과를 낳은 대통령 선거와 이후 상황, 그리고 같은 시기에 러시아의 우크라이나 침공, 중국의 타이완 점령 위협, 북한의 미사일·핵 도발이 맞물려 전개되면서 한국 사회는 전례 없는 예측 불가능성과 위험성에 둘러싸여 있다. 미셸 푸코는 통치성의 목표는 안전이며 이는 내치와 외치 두 측면으로 나뉜다고 말했는데 지금 한국 사회는 내치와 외치의 기본 구도 모두 흔들리는 시대에 접어들고 있다. 세계체계 분석의 말을 빌리면 한국은 세계체계 질서의 근본적 동요와 분기가 발생하는 새로운 '체계의 카오스'의 소용돌이에 심하게 휘말려 들어가는 중인지도 모른다.

위기를 위기로 인정하고 돌파하려면 그것을 분석할 정교한 관점과 틀이 중요할 것이다. 그러나 현 한국 사회에서 위기를 살펴볼 분석의 관점은 혼란스럽고 그 때문에 더 큰 혼동이 생기기도 한다. 이 때문에 우리가 어떤 위기에 처해 있고 어떻게 돌파할 수 있을지를 논의하는 것조차 쉽지 않다. 이를 심각한 '분석의 부재' 상황이라고 부를 수 있는데 그 반대편에선 부족함을 '의지의 과잉'으로 대체하려는 시도가 곳곳에서 발견된다. 분석의 부재 상황이 오래 누적되다 보면 그것이 왜 문제인지조차 성찰하지 않은 채 분노와 의지가 모든 것을 대체하게 되고, 더 나아가 다소 '비관적'인 분석이 나오면 거기에 대해 쉽게 비난이 쏟아진다.

한국 정치 및 사회운동의 상황에 비춰보면 분석을 의지로 손쉽게 대체하는 발상은 이른바 '87 체제론'의 사유 구도에서도 연원하는 경우가 많다. 87체제론식 사고에 따르면 1987년 호헌을 유지하려던 전두환 중심의 군부 세력에 맞서 '시민 항쟁'의 힘으로 직선제 개헌을 얻어냈지만 진보 세력이 분열함에 따라 제한된 미완의 성과에 그쳤고 이후 '미완의' 민주주의를 향한 오랜 장정이 지속되고 있는 셈이다. 그 주장 자체에 누가 이견을 제기할 수 있을까 싶지만 이를 그 전의 역사로 확장하고 그 후의 정치로 확장해보면 실천적 결론에서 문제가 발견되매 따라서 이런 분석 시각 자체에 문제 있음을 확인하게 된다.

87 체제론은 형식적 민주주의와 실질적 민주주의를 구분하는 깔끔한 틀처럼 보이지만 여기에는 해방 이후 한국 현대사 전체를 보는 독특한 역사관이 담겨 있다고 할 수 있다. 식민지에서 해방 정국까지의 시기를 청산되지 않은 친일파 문제로서 다루고, 그 후 1987년을 '민중 승리'의 핵심적 전환점으로 간단히 정리하려고 하는 것이다. 이 사고는 1987년 이후 계속 확장 발전해 사회운동의 주류적 인식 틀로 자리 잡은 것 같다.

이런 사유 틀에서 왜 분석이 의지로 대체되는가 하면, 결국 문제의 핵심은 '누구인가'로, 정확히 말하면 '적폐'의 대상을 찾아내는 데로 집중되기 때문이다. 누가 '나쁜 자인가', 누구를 '공격하고 제거해야 하는가'가 중요해진다. 어떤 체제이고 정세인지, 어떤 구조와 제도가 지속되는지를 묻는 질문이 없는 것은 아니지만 그런 질문마저 억압 구조의 '의인화'로서 적폐의 대상을 찾아내 징벌하기 위한 배경이자 전사前史로 다룰 뿐이다. 그리고 '적폐 대상'을 찾아 제거하면 구조의 문제 또한 자연히 해결되리라고 기대한다. 장애물인 적폐 대상이 사라지고 나면 '선한 정책'이 잘 추진되고 '의지'와 '현실'이 비로소 일치하리라고.

그런 까닭에 이런 사고 틀에서는 어떤 적폐 대상 때문에 우리의 삶이 힘들어지는지 아는 것이 중요하다. 돌아보면 2016~2017년 촛불과 그 후 이어진 2017년 대선 구도가 이런 인식에서 벗어나기 힘들었고 그에 앞선 2008년 촛불에서도 이미 그런 태도가 감지된다. '팬덤 정치'라는 말 이면에 놓인 분석의 부재, 역사의 자의적 해석, 적폐 대상을 색출해 자신의 정의로움을 확보하는 것, 그리고 국내외 정세를 의지로 돌파할 수 있다는 신념의 낙관주의 같은 일들이 서로 맞물려 있다.

잘 모르고 보면 이런 사고 구도가 마치 마르크스주의 '계급투쟁'의 분석 구도를 차용한 '좌파적 사고'라고 생각할 수 있다. 그러나 이런 '속류 마르크스주의' 이분법은 사실 마르크스주의적이라기보다 '적과 동지'를 이분법으로 구획하는 칼 슈미트적 정치 구도에 가깝다. 정교한 사회구조 분석을 통해 구조의 전화로 나아가기는커녕, 분노, 의지, 제거의 수사학으로 가득한 '적폐' 색출의 세계관은 농민전쟁이 보여주는 이원적 적대 구도의 계승에 가깝다. 지금 현실이 농민전쟁과 같은 상황이라면 봉기한 농민들이 지주계급을 남김없이 제거함으로써 해방을 달성할 수 있을지도 모르겠다. 승리한 농민들은 지주 없는 새로운 자신들의 국가를 수립하고 한동안 승리의 환상에 도취할 수 있을지도 모른다.

이런 배경을 갖고 있기 때문에 한국 현대사를 적폐 청산을 향한 민중의 좌절과 승리의 역사로 설명하는 87 체제론의 구도는 그 승리의 귀결점으로서 자주독립 국가 설립을 향해 나아가는 시련의 역사로 현실을 설명하려는 경향을 보인다.

현실의 역사가 그렇게 분노에서 의지, 승리, 자주로 이어지는 일련의 서사로 완성되면 얼마나 다행일까 싶지만 현실은 훨씬 복잡하고 통치는 그렇게 단순하지 않다. 착취와 억압의 사회구조의 복잡성은 우리의 의지만으로 쉽게 무너지지 않으며 우리는 분석의 부재의 후과를 톡톡히 치르고 다시 분노라는 출발점으로 쉽게 밀려갈 수 있다.

승리론적이고 주체 의지론적인 역사 분석을 넘어서려고 한다면 더 많은 분석, '이론적 비관주의'를 동반한 분석으로 무장해야 하고, 앞만 바라보고 승리를 향해 돌진하는 시각이 아니라 켜켜이 쌓인 좌절과 패배, 실패의 과정을 한 꺼풀 들춰내고 되돌아보는 과거에 대한 반성과 성찰에 토대해 똑같은 실패를 되풀이하지 않게 최소한의 교훈이라도 얻어내는 것이 필요하다.

지난 한 세기를 다시 살펴보면 자본주의와 제국주의 같은 개념들이 그런 비판적 성찰의 출발점이자 도구가 될 수 있었다. 그리고 이런 개념들이 역사 속에서, 상이한 공간과 세력 관계하에서, 전쟁과 관련해, 민중들의 집단적 실천의 결과와 관련해 어떤 분석의 시야를 열어주는지를 보면서 우리가 알게 된 지식도 적지 않다.

그럼에도 자본주의와 제국주의 같은 중요한 개념들조차 손쉽게 '의인화'의 길로 빠져 '누구'라는 질문으로 전환되고 결국 누구를 색출해 처분할지의 문제로 퇴행하곤 했다. 거대한 체계나 구조는 손대기 쉽지 않고 손댄다고 바뀌리라고 예상하지도 않기 때문에, 길지 않은 시간 속에서 문제를 해결하려고 할 때 우리는 항상 어떤

'책임자'를 색출해 그 책임을 묻고 이를 통해 구조가 바뀌리라는 환상적 기대를 쉽게 반복하곤 한다.

그래서 우리가 익숙하다고 생각하는 '자본주의'의 문제를 제대로 분석하기 위해서라도, 특히 세계체계의 전 지구적 위기가 진행되는 현시점에서 시급한 문제의 뿌리를 제대로 포착하고 분석을 심화하기 위해서라도 질문을 던지는 방식을 바꿔볼 필요가 있다.

우리는 질문을 자본주의 질서의 '통치'에 초점을 맞추고 그것을 자유주의 제도 실천의 변천을 통해 살펴볼 것이다. 이 책은 이런 질문의 한 출발점이고, 그 질문이 한국의 정치 현실과 사회운동의 곤경을 이해하는 데 어떻게 도움이 될지를 이야기해볼 것이다. 우리가 쉽게 승리나 실패라고 생각한 정세를 다른 방식으로 접근하고 이해하는 것이 왜 중요한지, 적폐 인물을 지목하는 방식이 아니라 체계와 구조, 제도를 분석하는 것이 왜 중요한지를 함께 이야기해볼 것이다.

물론 이야기를 전체적으로 풀어가려면 자본주의 세계체계와 역사적 자본주의, 자유주의 통치성의 역사적 진화, 한국에서 자유주의를 둘러싼 사상사의 부재 등에 대해서도 관심을 확장하는 것이 필요하다(백승욱, 2017a; 백승욱, 2019a; 백승욱, 2019b; 백승욱, 2020b; 백승욱, 2021). 그렇지만 이 책에서 논의는 이런 확장된 관심을 배경으로 둔 채 한국 정치와 사회운동의 역사에 대해 질문을 던져보려고 한다. 해방 이후 한국 사회에서 자본주의의 작동은 어떤 제도에 토대해 지속되고 있는지, 그 제도는 어떤 위기를 겪고 어떤 돌파를 했는지를 분석하고 이로부터 현재 한국의 사회운동을 포함한 정치에 왜 위기가 발생하는지를 검토해보려고 한다.

그럼, 한국에서 통치 체제의 변화가 주요 관심사가 돼야 할 텐데, 이 관심사를 사회운동의 중요한 계기들과 연관해 살펴볼 수 있는 중요한 질문은 과연 한국 사회에서 자유주의 헤게모니가 수립됐는가 하는 것이다. 자유주의 헤게모니는 정치 이념으로서 자유주의뿐 아니라 제도 질서의 체계로서 자유주의가 착근하는 모습을 통해 설명될 수 있다. 한국 사회는 어떤 제도들의 결합들에 토대해 작동하는지 그리고 제도들의 작동과 변화에 대해 어떤 정치 이념과 정책 지향들이 전망을 세우고 있는지를 살펴볼 때 제도 실천의 종합체로서 자유주의라는 질문이 제기되고, 자유주의 제도라는 질문을 통해 우리는 자본주의라는 질문의 구체성에 좀 더 다가갈 수 있을 것이다.

이 책은 현재 한국 사회 위기의 뿌리를 통치에 대한 질문의 부재라는 문제의식을 통해 역으로 추적해볼 것이다. 이 책에서는 2022년 대선의 기이한 구도 또한 적폐 청산이나 87 체제론의 관점이 아니라 자유주의 통치성이라는 관점에서 살펴보려 하며 이를 1991년 이후 30여 년간 지속된 자유주의 헤게모니 수립의 반복된 시도와 실패의 맥락에서 볼 것을 제안한다.

현 제도가 구성된 출발점으로서 1991년

2022년 벌어진 일에서부터 논의를 시작해보자. 이 책의 두 번째 글에서는 2022년 대선 과정을 '차도 응징'이라고 지칭하고 한국 정치에서 자유주의라는 질문이 제대로 소환되고 있는지를 물으려고 한다. 기이한 20대 대선 구도의 이면에서 우리는 한편에서 '중도적 자유주의'의 수렴 및 재건의 시도(1990년 이후 분열된 DJ의 후예와 YS 후예들의 재연합)가 등장하면서 그것이 성공할지 또는 실패할지가 중요한 쟁점이 됐다고 볼 것이다. 현실에서 이런 시도는 성공하기 쉽지 않아 보이며, 그랬을 때 자유주의 헤게모니 수립의 취약성은 '영남당'으로 전락할 가능성이 높은 집권 세력과 '포퓰리스트'에게 장악된 민주당 간의 적대적 공생으로, 결국 비자유주의적 포퓰리즘의 득세라는 위기로 귀결될 가능성이 높다고 할 것이다. 현 집권당은 자유주의 헤게모니의 취약성을 1970년대 이래 지속돼온 영남 지역주의로 대체하려는 강한 원심력을 항상 보이며, 현 야당은 자유주의적 주도권의 심각한 취약함을 대체로 1991년을 전후한 시기에 형성된 통일운동 중심의 민족주의로 치환하는 방식의 원심력을 강화하려는 경향을 보인다.

한국 현실에서 자유주의라는 쟁점은 누구나 쉽게 비난하는 대상이지만 제도 배치의 차원에서 진지하게 검토된 적은 별로 없다. 현실 제도는 자유주의적 제도 실천의 공고화로 진행돼왔으나 정치 이념의 지형은 비자유주의적 포퓰리즘의 원심력이 발휘되면서 문제의 요점을 회피하는 방식이 반복됐을 뿐이다. 정치는 쉽게 '비자유주의적 대안'을 찾아 표류하는데, 20세기 자유주의 제도들의 배치가 19세기 자유주의와 얼마나 달라졌는가라는 질문을 공백으로 남겨둔 채, 항상 자유주의 비판은 지금 여기 현실에 존재하지 않는 '19세기 고전 자유주의'를 비판하는 것으로 회귀한다. 따라서 분석과 비판을 거쳐 대안을 찾는 논의는 지금 여기 현실의 '20세기 자유주의'를 넘어서는 체계적 논쟁으로, 전 방향적으로 진행되지 못하고 항상 허구적 대상인 '19세기 자유주의'를 타깃으로 삼아 '퇴행적'으로 진행된다.

이렇게 자유주의 제도 질서 체제에 대한 논의가 부재함에 따라 생겨난 결함은 그 제도 질서의 지양으로서 사회주의에 대한 논의 또한 불가능하게 만들거나, 또는 사회주의적 기획이 항상 19세기 고전 자유주의를 타깃으로 삼는 퇴행적 방식으로 진행되게 만들었다. 사회주의 논의가 전 방향으로 진행되지 못한 사상 부재와 공백의 자리에 한 세대에 걸친 '게으른 습관적 반미주의' 같은 것이 일종의 알리바이로 대신 자리 잡지 않았을까?

이 책에서는 87 체제라는 표현 대신 '87 정세와 그것의 자유주의적 전환의 반복된 시도와 실패'라는 규정을 더 선호한다고 말할 것이다. 이 표현을 통해 보여주려는 바는, 한국 사회의 특이성은 자유주의 제도 질서가 매우 정교히 뿌리내려 '자연화'라고 할 만한 수준에서 작동하고 있지만 그것을 피드백하고 자기 관찰하는 이념으로서 자유주의 사상의 준거 그리고 그것을 넘어서려고 하는 사상적 실천은 거의 부재할 만큼 취약하다는 대조성에서 찾을 수 있다는 것이다. 자유주의(신자유주의를 포함해)에 대한 비난이 일상 언어적 습관이 되는 것은 쉬운 일이지만 분석을 동반한 자유주의 '비판'으로 나아가는 길은 요원해 보인다.

물론 질문을 이처럼 다른 방식으로 비틀어 제기하는 이유는 지금 우리가 겪고 있는 '신자유주의'라는 세계 자본주의 모순의 현재적 자리를 분석하고 그것을 넘어서려고 하는 목적 때문이다. 그럼에도 이 질문을 제대로 전개하기 위해서라도 자본주의가 아니라 자유주의라는 질문을 제기하는 것이 중요하다. 자본주의의 역사적 변천을 고려하기보다 자본주의에 대한 고정된 상에 집착해 모든 자본주의 위기 논쟁을 20세기 초반에 고정해놓고 벗어나지 않으려는 집착이 관찰되는데 여기서 벗어나는 것이 시급하기 때문이다. 자본주의가 끝없는 자본 축적의 '원리'를 지칭하는 것이라면 역사적 자본주의 관점에서 자본주의가 뿌리를 내리고 공고화되기 위해 특정한 역사적·제도적 조건들이 필요하고 그것들이 역사적으로 위기와 변천을 거쳐 교체돼가야 할 텐데, 이런 탐구의 질문을 우리는 자유주의 제도의 질문이라고 부를 것이다.

자유주의에 대한 이러한 좀 더 제도적인 이해 또는 그 물질적 작동의 기초에 대한 탐구는 이매뉴얼 월러스틴이 말하는 현대 세계체계의 '지구 문화(geoculture)'로서의 자유주의, 즉 프랑스혁명 이후 분기한 세 이데올로기인 보수주의, 자유주의, 사회주의가 자유주의 헤게모니하에서 전개되고 위기를 겪는 과정을 분석하는 함의를 가져오는 것인 동시에, '정상화'나 '자연화' 하는 통치성으로서 자유주의 제도 실천을 분석하는 미셸 푸코의 관점을 가져오는 것이기도 하다(월러스틴, 1996; 푸코, 2011; 푸코, 2012). 그리고 그 질문은 마르크스의 '재생산'의 문제의식을 역사적 맥락 속에서 재정립하는 시도이기도 할 것이다(백승욱, 2017a; 백승욱, 2019a). 자유주의 지구 문화가 제도 질서로 강하게 뿌리 내린 현재 한국에서 자유주의 통치성의 위기, 즉 내치와 외치의 '안전'의 위기가 전개되고 있다는 것이 이 책에서 제기하려는 질문이다.

자유주의 제도 질서로서 내치와 외치의 위기를 분석하려면 비교의 준거점, 또는 현재 위기에 처해 있는 질서가 재구성된 시점을 분석할 필요가 있는데, 이 책은 그 시점을 1987년이 아닌 1991년으로 보려고 한다. 지금 전개되는 위기를 분석할 때 현재의 시점에서 위기의 연원을 여러 차원에서 분석하는 것은 쉽지 않다. 이럴 때 택할 수 있는 우회로 중 하나는 현재의 구조를 형성한 초기로 돌아가 어떤 주장과 원리가 어떤 합의와 타협, 반발 등을 거쳐 구체적 제도들의 결합으로서 형성돼왔는지를 분석하는 것이다.

현 구조가 형성된 출발점을 되돌아보는 이유 중 하나는 항상 현재 구조가 문제될 때 살펴볼 준거점이나 관찰점을 그 출발점에서 확인할 수 있고 그것에 비춰 현재 상태의 이탈 정도를 판단하는 것이 중요해지기 때문이다. 미국에서 늘 건국이념을 둘러싼 논쟁이 반복되거나 유럽에서 프랑스혁명이나 영국혁명에 대한 재해석이 쟁점이 되는 것은 그런 의미라고 할 수 있다.

그런데 한국 사회의 경우 이런 접근법에 어려움이 발생한다. 현 구조나 현재 위기를 낳은 구조 형성의 출발점을 명시하기 어려우며 또한 그 출발점을 적시하는 어떤 주장, 원리, 사상을 찾을 수 있는 것도 아니라고 보이기 때문이다. 식민지와 미군정 시대, 그 후 미국화한 발전 노선을 채택하는 과정에서 확인되는 것은 다양한 '이식'들의 혼용이고 그 토착화라고 할 수 있다. 그 때문에 이런 불균등한 역사 발전에서 때로는 놀랄 정도의 '선진적' 요소와 '후진적' 유제가 겹쳐 발견될지도 모르지만, 그 의미가 현재적으로 논쟁되지도 않고 특히 제도를 수선하는 맥락에서 혼종성과 불균등성이 어떻게 쟁점이 되는지 충분히 잘 검토되고 있지도 않다.

한국 현대사에서 관찰되는 것은 마치 자동차 생산 라인의 모듈화 생산 같은 구조일 수도 있다. 차체, 엔진, 시트, 조향 장치 등을 각각 따로 모듈화해 협력사에서 생산한 다음 이들을 조립 라인에서 완성차로 조립해 생산하는 것처럼 사회구조의 변화 과정도 모듈적 혼종성의 결합으로 진행됐다고 할 수 있다. 여러 부품을 결합해 완성하는 조립 PC를 떠올려보면 이해가 될 것이다. 조립 PC를 완성해 판매하는 업체는 CPU도, 머더보드도, 모니터도 스스로 생산하지 않으며 다만 그것들을 결합하는 전문성을 갖고 있다.

마치 상당히 완성된 수준의 중간재를 조립해 완성품을 만드는 것처럼 해방 후 한국 사회구조는 상당 정도 완성된 중간재인 제도들을 결합해 하나의 사회를 작동시키는 것처럼 구성돼왔다고 할 수 있다. 법률, 교육, 보건 제도와 정부 행정 체계 등을 봐도 이런 특성은 분명히 확인되는데, 각각의 제도들이 사실 상이한 역사적 맥락에서 '이식'과 혼종적 결합의 배경을 갖고 있다. 특히 식민지 시대에서 연원한 법률적 자유주의와 1960년대 로스토W. W. Rostow적 근대화론을 배경으로 해 출발한 경제적 자유주의 간 결합의 역사가 중요한 쟁점이 되고, 여기에 하나를 더 추가하자면 1960년대 4·19 혁명의 후과로 전개된 '언론 자유주의'의 결합이 중요해질 것이다.[1]

그렇기 때문에 현 사회구조의 위기가 발생할 때 문제의 연원을 그 출발점으로 되돌아가 확인해 찾는 것이 적절하지 않을 수 있다. 출발점이 모호해서다. 이 책에서 1991년의 중요성을 강조하는 것은 이 때문이다. 1991년의 의미는 현 체계와 구조의 대대적 정비 수선기, 자유주의 제도에 토대한 한국 자본주의의 전반적 점검기였다고 할 수 있다.

1960년대 혼종적 결합을 보이던 자유주의 제도 결합이 유신으

---

[1] 한국에서 법률 자유주의의 역사에 대해서는 김학준(2001)과 한홍구(2016), 경제 자유주의의 역사에 대해서는 고승철·이완배(2013), 언론 자유주의의 뿌리에 대해서는 백승욱(2013)을 참조

로 단절된 뒤, 유신 체제의 특성으로부터 탈피해 제도를 자유주의적 방식으로 전환하는 시도가 본격화하는 시점이 바로 1991년이었다고 볼 수 있다. 이런 수선의 시기를 살펴봄으로써 한국 사회구조가 어떤 중간재들의 모듈적 결합으로 이뤄져 있고 어느 정도 재수선을 거쳐 모델이 변경됐는지를 확인할 수 있다.

구조의 대대적 수선의 시기는 1987년부터 1997년까지 10년에 걸치는데 많은 제도적 변화가 집중된 시점이 1991년이다. 이 시기에 일어난 대대적 수선은 그에 앞선 시기의 구조적 모순들 때문에 전개된 것이고, 1991년은 그에 대한 일정한 방향 전환의 시도로 등장해 우리는 30년이 지난 지금도 그 질문 속에 있다. 1997년의 외환 위기조차 1991년의 전환의 맥락에서 이해될 수 있을 것이다.

왜 1987년이 아니라 1991년이 중요하나

그럼, 왜 1987년이 아니라 1991년이 중요한지 좀 더 설명해보자.

자유주의 '외치'의 위기와 관련해 국제 질서 변동부터 살펴보자. 현재 한반도를 둘러싼 동아시아의 정세는 매우 위험한 방향으로 급변하고 있는데, 그 핵심에는 러시아와 중국, 북한에 걸쳐 맞물린 변화가 있다. 2022년 초 러시아의 우크라이나 침공은 중국의 위상 전환과 맞물리는데, 중국은 '두 개의 백 년'과 '중화 민족의 위대한 부흥'을 내걸고 시진핑 체제를 공고화하는 한편 대만에 대한 영토적 통일을 위해 무력 개입도 불사하겠다고 위협하고 있다. 또 러시아와 중국이 맞물려 변화하는 세계정세는 북한 변수와도 맞물리는데, 한반도에서 북한의 핵 전략·전술도 최근 들어 근본적으로 변화하고 있다(남한을 타깃으로 전술핵과 단거리 탄도미사일을 집중 개발 운용).

한반도의 이런 위험한 정세 상황이 냉전 이후 일관된 것이었다고 보면 오해인 것이 냉전 구도가 1991년을 전후해 크게 전환됐기 때문이다. 동아시아 위기의 축이 되는 세 국가의 1991년 전후 상황은 지금과는 크게 달랐다. 1990년 한국은 소련과 수교했고, 1991년에는 남북한 동시 유엔 가입, 남북기본합의서 체결, 한반도 비핵화 선언이 이뤄졌다. 1992년에는 중국과 수교하면서 타이완과는 단교했다. 1991년이 '탈냉전'이라 일컬어지는 상황엔 해체되는 소련과 처음 대면하고, 한국전쟁의 당사자인 중국과 정전협정 문제에 대한 논의를 건너뛰어 경제 세계화의 흐름에 같이 올라탔으며, 소련 및 중국과의 수교 과정을 매개로 한반도 비핵화 선언과 유엔 동시 가입이 가능해졌다는 특징이 있다.

지금은 상황이 정반대다. 현 시기 동아시아 지정학의 급변은 단순히 '신냉전'의 틀로 설명되기 힘들다. 오히려 제2차 세계대전 이후 미국과 소련의 협력을 바탕으로 수립된 자유주의의 전화된 질서로서 새로운 국제 질서, 즉 유엔 안보리를 중심으로 한 전쟁 억제 체제가 크게 동요하고 있다고 보인다. 현 시기 국제 질서의 동요가 특히 동아시아에서 심각한 위기를 초래할 수 있는 것은 바로 1991년 한반도에서 새로운 자유주의적 국제 질서를 추동한 러시아와 중국, 북한이 다시 새로운 조합으로 맞물려 국제 질서와 한반도의 정세를 흔드는 길을 열고 있기 때문이다. 푸틴 러시아의 우크라이나 침공, 시진핑 체제하 중국의 타이완 통일을 향한 무력 위협, 그리고 한반도 핵 위기 고조는 동시적으로 진행되는 상황이다(백승욱, 2022a; 백승욱, 2022d; 백승욱, 2022e).

특히 그중 변화의 중심은 세계체계에서 도전자 국가로 부상하고 있는 중국과 기존 세계 질서 간의 충돌이라고 할 수 있다. 물론 중국이 전 지구적 차원에서 기존 질서의 와해를 도모하거나 전면 충돌하고 있지는 않지만 시진핑 체제하의 '중화 민족의 위대한 부흥'과 '두 개의 백 년' 서사는 자유주의적 보편성도 비자유주의적 보편성도 아니라 중화 민족의 특수성을 중심으로 새로운 질서의 축을 형성한다. 이로부터 무력을 배제하지 않는 타이완 통일의 중요성이 전례 없이 부상한다(백승욱, 2022c; 백승욱, 2022d).

심각한 점은 중국의 이례적 상황이 한반도 정세 변화에 가져오는 함의다. 이런 변화의 방향이 가장 부정적으로 전개될 때 한국전쟁 전야의 위험한 상황이 재도래할 수 있음을 심각히 고민해봐야 할 시점으로 보인다. 한국전쟁 당시 소련과 중국, 북한 세 당사자의 상이한 판단이 어떻게 전쟁으로 귀결됐는지, 그리고 당시 전쟁에 적극 참여한 중국이 이후 전쟁 억제자로서 어떤 역할을 했는지를 잘 이해할 필요가 있다.

통상적인 오해와 달리 한국전쟁 직전 5년의 상황을 돌아보면 제2차 세계대전 이후 새롭게 수립된 전후 자유주의 국제 질서에서 소련과 중국은 모두 핵심 당사자였고 두 나라 없이 자유주의 질서(유엔과 특히 안보리 상임이사국 같은 강대국 중심의 전쟁 억제 체제)가 수립될 수는 없었다. 루스벨트는 가장 신뢰할 만한 파트너로서 스탈린이 없었다면, 그리고 독소전쟁에서 소련이 2700만 명의 희생을 감당하면서 미국의 '대리전'을 끝까지 수행하지 않았더라면 얄타 구상을 현실로 만들어낼 수 없었다. 소련 또한 이런 자유주의 국제 질서의 파트너(안보리 참여뿐 아니라 브레턴우즈와 ILO 참여까지 포괄적으로 포함해)로서 위상을 적극 수용했고 적어도 한국전쟁 전까지 그 생각을 포기하지 않았다(백승욱, 2022e). 마오쩌둥의 중국 또한 소련과 미국의 전후 구상을 잘 알고 있었고 그 구상에 올라타, 루스벨트의 지원 대상을 장제스의 국민당으로부터 옌안의 공산당으로 돌리거나 적어도 공산당을 핵심 연립정부 구성원으로 포함시키는 노력을 성공적으로 기울였다(백승욱, 2020b).

마오쩌둥이 건국 직후 사절단을 이끌고 모스크바를 방문한 1949년 말에서 1950년 초까지 중국은 전쟁 복구와 전후 재건을 소련에 의존할지 미국에 의존할지조차 확정하지 못한 상태였다. 그 상태에서 미국의 타이완 불개입을 예측한 중국공산당은 타이완 전면 점령 계획을 1950년 2월 무렵 이미 수립해놓고 소련의 군사 물자 지원만 도착하면 곧바로 수행할 태세였다. 그러나 이 지원은 실현되지 않았다. 소련의 준비된 지원 물자는 1950년 4월 이후 북한을 향하는 것으로 방향이 전환됐다(션즈화, 2014; 백승욱, 2020b).[2]

현재 동아시아의 위기 또한 중국이나 러시아가 긴 역사 속에서 지속적으로 냉전적 진영 대립을 지속해왔다거나 근본적으로 미국에 도전하는 세력으로서 전쟁 상태를 준비해왔다는 따위의 이유 때문에 발생하는 게 아니다. 질서 형성기에는 새로운 세계체계의 자유주의 질서가 수립되는 과정에서 내적 모순과 균열의 틈새가 확장될 수 있고, 질서 쇠락기에는 질서에 대한 원심력이 부상하면서 급작스레 균열의 지점이 대폭 늘어나거나 확대될 수도 있다. 현재 동아시아를 둘러싼 상황은 부정적 연쇄를 촉발할 가능성이 높고 이후 기존의 '자유주의적 국제 질서'의 근본적 해체로 이어질 가능성도 부정할 수 없다.

부정적 연쇄의 예상되는 한 시나리오를 들어보면 다음과 같다.

첫째, 대국 논리의 부상, 즉 과거 '제국'을 경험한 거대 규모의 영토 제국이 재부상하면서 핵 보유력을 바탕으로 외연적이기보다 내포적인 영토주의를 제시하는, 영토적 온전성 추구가 나온다(무력 개입할 수 있는 '내정'의 범위가 확대되는 논리). 둘째, 중국에서 타이

---

2 1940년대 중국공산당이 국제 정세에 어떻게 적응하면서 그 정세를 어떻게 근본적으로 전환시켰는지는 현 상황을 이해하는 데서 매우 중요하다. 이 새로운 해석은 시진핑 시대가 아니라 후진타오 시대에서 연원하는 국제 질서에 대한 새로운 이해를 배경으로 하며, 양쿠이쑹과 션즈화가 대표적으로 주목할 만한 관점을 제시한다.

완에 대한 무력 통일의 중요성이 우선적으로 부상하면서, 그동안 유지돼온 한반도 비핵화의 원칙이 점차 포기되고 한반도 핵 위기를 자신들의 통일 문제 해결에서 하나의 외적 우호 조건으로 고려할 가능성이 커진다. 셋째, 중국의 대만 점령 시도와 한반도 핵 도발이 동시적으로 진행되고 이때 미국이 동시적으로 개입할 수 없는 곤경이 확인된다. 넷째, 이 상황에서 북한이 남한에 전술핵을 실제 투하할 가능성이 고조된다. 과연 이런 위기 상황이 '낙관적 의지주의'나 앞선 세대의 '게으른 습관적 반미주의' 같은 것으로 돌파될 수 있을까?.

1950년 당시 한국전쟁이 '세력권'과 국가 형성의 상이한 전망이 맞물려 진행된 것이었다면 현재는 상이한 '대국 논리'와 도전자 국가 출현 정세가 맞물리는 상황이다. 이렇게 진행될 때 '우리가 알던 동아시아' 같은 것으로 현실 정세를 분석하기는 어렵고, 오히려 그 상대적 안정기를 만든 최초 구도의 불안정성을 검토하고 그것이 흔들리면 어떤 결과가 나타나는지를 봐야 한다.

물론 이런 질문은 1991년으로 돌아가야 모든 대답을 얻을 수 있는 것은 아니지만, 1991년 시기의 전환이 왜, 어떤 점에서 실패하고 (또는 어떤 국가들의 성공에 힘입어) 심각한 위기로 나아갔는지 질문을 던져야 한다는 점에서 그 시점을 우회해 답을 얻을 수 있는 것도 아니다. 더욱이 현재 한국의 모든 국제적 대처는 1991년 시점의 반복 이상으로 나아가지 못하고 있다는 점에서도 그렇다.

이번에는 국내 정치 상황의 변화를 보자. 우리는 1987년 '직선제 쟁취'라는 변화에 과도하게 몰두해 이후 벌어진 중요한 변화를 놓치는 경향이 있다. 1987년의 6월 항쟁과 7월~9월 노동자 대투쟁, 12월 대통령 선거가 중요한 역사적 계기였던 것은 부정할 수 없지만, '1987년 정세'에 대한 대응이 어떤 제도적 변화로 나타났는지를 묻는 것도 마찬가지로 중요하다. 이때 제도적 변화의 구체적 시도들이 1990년에서 시작되어 1991년으로 이어졌던 것이라고 할 수 있다. 그리고 우리는 1991년의 제도적 변화가 낳은 후과 속에서 아직도 대립과 변화를 모색하고 있다고 할 수 있다.

첫째, 민자당 3당 합당을 계기로 지배 블록이 양당 체제로 분할됐다는 점이다. 그 변화의 방향성은 여러 지향점이 가능했었는데, 중도 자유주의를 강화해 중도 좌파와 중도 우파의 분화를 촉진할지, 아니면 일본 자민당 방식처럼 통합 정당 안에서 당내 파벌 정치를 용인할지, 유럽식 대연정을 추진할지 등이 확정되지 않은 상태였고, 이런 상이한 지향점은 통치 체제로서 대통령제와 내각제 사이의 의견 불일치로 이어졌다. DJ까지 통합하려고 했던 대연정 방식의 구상은 실패하고 결국 DJ를 배제한 3당 통합 방식으로 진행되면서, 이후 한국 정치는 YS 계열(통합 후 민정당계와 민자당계를 상대화하는 방식으로)과 DJ 계열 두 축으로 계승됐다. 그 구분은 사실 민주당 구파 대 신파라는 앞선 대립 구도를 일정하게 반복하는 것이기도 했지만, 다른 한편에서 1980년대 후반 이후 새롭게 형성된 사회 세력(학생운동, 재야운동, 노동운동, 언론 세력 등)을 어떻게 정치 구도에 담을까 하는 질문이 담긴 것이기도 했다.

둘째, 노동운동 현장에 기반을 둔 대학생 중심의 정파적 사회운동은 한국사회주의노동자당 창당준비위원회 구성을 매개로 진보 정당 운동으로 전환됐다. '학출(학생운동 출신)'이라는 이례적이고 때로 '전설적'이기도 했던, 한 시대의 학생운동과 노동운동의 결합 방식이 1991년 갑자기 공개된 논의도 분석도 없이 소실하고 한꺼번에 정당운동으로 대체됐다는 점, 그리고 그 변화가 3당 통합으로 추동된 통치 구도 개편과 잘 맞물려 결실을 낳은 것도 아니라는 사실은 지금까지도 진보 정당 운동이 뿌리내리지 못한 이유에 대해 논의할 때 필요한 잃어버린 출발점일 수 있다.

셋째, 1991년 시점은 조직된 노동운동으로서 전노협(전국노동조합협의회)의 활동기였지만 전노협은 구성 때부터 해소와 민주노총으로의 조직 전환을 둘러싸고 논쟁에 휩싸였다. 현재의 민주노총 중심 노동조합 조직 체제 또한 1991년을 기원으로 삼으며 이후 선진 노사 관계 전환 시도와 맞물린 민주노총 설립 등을 통해 기형적 특징이 강화된다. 과거를 되돌아보기 힘들면서도 내부적 비판에 면역된 조직 중 하나가 민주노총이고, 현재 그들만큼 '입으로 말하는 주장'과 현실에서 실제로 추구하는 바가 괴리된 조직을 찾기 힘들 정도다. 민주노총의 쇄신 없이는 대중운동의 새로운 전환은 어려울 테지만 쇄신을 위해 어디서부터 문제를 찾아야 할지 논의가 어려울 만큼 착종돼 있다(김창우, 2020; 백승욱, 2020a).

넷째, 1991년은 남북 관계 개선에 힘입어 통일운동 세력이 공식적으로 인정된 정치 세력으로 자리 잡기 시작한 출발점이기도 하다. 통일운동은 앞선 시기에도 있었지만 남북 관계의 대전환을 계기로 공식적 정치 무대에서 '인정'받기 시작한 때가 바로 이 시점이라고 할 수 있다. 1991년의 북방정책은 '투 트랙', 즉 북한 문제를 포함한 북방정책의 핵심을 외교 트랙과 통일 트랙의 이중 트랙으로 관리하는 방식으로 추동됐다. 하지만 통일운동 부상과 YS계와 DJ계의 정치 분화 그리고 DJ의 집권으로 이어지면서, 북방정책의 투 트랙은 점점 더 통일의 단일 트랙으로 변하고 이로부터 통일운동 세력과 DJ 계보 정치 세력 간의 수렴 현상이 강화된다.

다섯째, 1991년은 그해 5월의 트라우마와 학출 현장 철수가 맞물리면서 학생운동의 지향에서 대대적 전환이 발생한 시점이기도 하다. 재생산(RP)이라 이야기되던 학생운동의 사회 진출 방식이 변화하고 학생운동 학습 프로그램이 일시적으로 붕괴했다. 선후배 관계에도 큰 변화가 생기면서 이후 학생운동 활동가들은 시민운동으로 전환하는 계기를 찾게 된다. 그리고 이 세대는 '87 체제론'의 가장 중요한 지지자로 부상한다.

자유주의를 논쟁의 중심에 둘 때

이런 변화는 한국 사회의 구조에도 적잖은 영향을 끼쳤는데 자유주의 제도 측면에서 1991년의 전환이 어떤 의미가 있는지 보여주는 두 가지 변화를 대표적으로 들 수 있다. 첫째, 경제 관리 측면에서 앞선 시기의 경제개발 5개년 계획이 종료되고 자유주의적 시장 관리 방식이 자리 잡아나갔다. 이런 변화는 유신 말기인 1978년쯤부터 경제기획원 중심으로 추동되다가 1980년대 경제 패러다임의 신자유주의적 전환과 맞물려 일관되게 추진됐다. 1980년대 '물가 안정' 패러다임 중심의 사고가 축적 체제 전반으로 확대된 것은 1990년대였다. 청와대 비서실과 상공부 중심의 경제 권력이 청와대 경제수석과 경제기획원 중심으로 재편되는 이 시기에 김재익, 사공일, 문희갑, 김종인으로 이어지는 청와대 경제수석의 역할을 중요하게 살펴야 하는 이유가 여기에 있다.

둘째, 공권력의 중심이 안기부(현 국정원)에서 검찰로 이동하면서 '법치'의 제도화가 이뤄지고, 그 전환의 상징적 결과가 노태우와 박철언, 김종인 모두 YS하에서 검찰 수사를 거쳐 처벌됐다는 점이다. 법적 안정성의 수립은 단지 공권력 차원의 제도 질서의 함의만 갖는 것이 아니었다. 경제 관리 방식의 전환과 맞물린 법치 방식의 전환은 경제 관련 법률의 지속적 정비와 시장 기반적 질서 수립이라는 차원에서 확인되듯이, 사법私法을 중심으로 해 '글로벌 스탠더드'에 접속해가는 변화를 그 이면에서 보여주는 것이기도 했다.

두 변화가 함의하는 바는, 1991년은 한국 자본주의 축적 구조를 유지하는 통치성의 수선기로서 경제적 자유주의와 법률 자유주의가 제도적 수선을 거쳐 새롭게 결합하는 계기였다는 점이다.

한국 사회에는 논의의 대상으로 삼지 않으면서도 지속적으로 유지되는 심층의 믿음 같은 것이 있다고 보인다. 현 체제, 특히 경제 질서와 안보가 지금까지 그래왔듯이 어느 정도 관성을 띠고 지속되리라는 믿음 말이다. 구호가 과격하거나 근본적 요구를 할 때조차도 현실에서 제도는 잘 바뀌지 않는 것이라는 생각이 은연중 깔려 있는 경우가 많다. 이는 한편에서는 '기득권'층이 있는 한 기존 질서의 변화가 쉽지 않다는 명분을 제공하는 이유이기도 하고, 다른 한편에서는 지금까지 쌓아온 다소의 혜택이 한꺼번에 다 사라지는 일은 없을 것이라는 믿음이기도 하다. 따라서 실제 조금씩 조금씩 혜택과 이익을 늘려가는 식으로 실리를 추구하는 것을 목표로 삼으면서도 현실과 거리가 큰 요구를 내거는 경우도 적지 않다.

이것이 앞에서 말한 자유주의 제도 질서의 '자연화' 효과라고 할 수 있는데 이런 무의식적 믿음을 지탱하는 제도는 어떻게 배치되고 작동하는가. 한국 사회는 자유주의 제도 실천의 '자연화'가 한편에서는 삶의 신앙으로 내재화한 상태로 운영되면서도, 다른 한편에서는 그 자연화에 대한 절망감이 '주체의 의지론'으로 계속 분출하고 결국 그 불가능한 돌파를 '적폐 청산'으로 해결하려는 시도가 반복되는 상황에 처해 있다고 할 수 있다. 그리고 그 '자연화' 효과가 갑자기 위기에 처할 때 대처의 무력함이 때로는 의지의 낙관주의로 포장되기도 한다.

여기서 질문해볼 필요가 있다. 왜, 어떤 이유 때문에 이런 특징은 지속되나? 언제부터 이런 특징이 자리 잡았을까? 향후에도 이런 특징은 지속될까? 누군가는 '어공(어쩌다 공무원)'과 구분되는 '늘공(늘 공무원)'의 공고함을 이유로 들겠지만, 대체 어떤 것들이 '늘공'이 지속되도록 관리하고 붙잡고 있나? 냉전 구도나 국제 하청 분업 구조를 이유로 들 수도 있지만, 여기서도 사회 전체 수준에서 기존 패턴을 유지하도록 지속시키는 틀은 무엇일까?

자유주의를 논쟁의 중심에 두지 못하고 그것을 사상적으로 넘어서는 시도조차 하지 못하는 사상사의 부재는 삼중적으로 문제가 된다(백승욱, 2019b). 첫째, 현재 작동하는 제도들의 문제를 확인하고 수선을 시행할 점검표로서 기준점이 부재한다. 이에 따라 수선이 부정확하거나 불가능해진다. 둘째, 제도 형성의 초기화라는 점에서 논쟁을 다면화하고 근본적 권리 논쟁 및 헌정 논쟁으로 끌어올리는 것이 불가능하다. 셋째, 논의가 자유주의를 넘어서는 것이 아니라 자유주의 이전으로 퇴행하게 되면서 자유주의를 넘어서는 사회주의 논쟁 자체가 불가능해지며, 즉 그것을 차단하게 된다.

그렇게 되면 쉽게 두 비자유주의의 거울 대립에 빠질 수 있다. 다양한 특권적·연줄적 비자유주의로 퇴행하거나 자유주의에 대한 분노에 토대한 포퓰리즘적 저주로 가거나. 따라서 자유주의적 방식으로 설계된 제도 자체를 손볼 역량도 확보하기 어려워지고 진정한 '지양'이 될 수 없다.

그렇다고 해서 자유주의 사상 또는 사상 논쟁이 있으면 곧 자유주의 제도가 착근될 수 있다고 말하는 것은 아니다. 작동하는 자유주의 제도 실천의 메커니즘을 분석·분해하고 진단·수선하려면 이를 위한 매뉴얼이 요구됨을 알아야 하고 매뉴얼 작성을 위한 준거 기준들에 대해서도 판단해야 한다는 것이다. 그리고 자유주의 제도 매뉴얼에 대한 분석이 자유주의 제도의 위기를 해소하거나 해결할 수는 없겠지만 이로부터 논의를 한 단계 끌어올리는 시도가 가능할 것이다.

건강한 이론적 비관주의를 위해

이 책은 앞에서 말한 문제의식을 배경으로 1987년 이후 한국 역사를 단순히 '위대한 민중 승리의 역사'와 '계속 지속돼야 할 적폐 청산의 역사'로 보는 관점에 대해 비판적 입장을 취하려 한다. 그런 승리의 역사라고 한다면 왜 지금 한국 사회가 위기에 처해 있는지, 위기의 성격이 무엇인지 분석하기 어려워진다. 계속 적폐가 되살아나기 때문이라는 대답은 아무 대답이 없는 것과 다를 바 없다. 오히려 이 책은 '승리'처럼 보이는 진전의 이면에 두고 온 좌절과 실패, 변용과 전환의 역사, 위로부터 통치의 지속을 위해 체제를 수선해

온 역사를 질문하려 한다.

이 책에서는 두 번의 촛불에 대한 비판적 평가와 그 연장선상에서 2022년 20대 대통령 선거에 대해 쓴 평가를 한데 묶고, 이 모두를 좀 더 긴 역사적 관점에서 분석하기 위해 1991년을 되돌아볼 것을 요구하는 글을 중심에 배치했다. 발표한 시점이 조금 흐른 두 개의 촛불에 대한 글 뒤엔 '후기: 다시 읽어보니'를 붙여 그 시점에 제기하려던 비판의 논점을 다시 확인해두었다. 발표했던 글들에 대해 약간의 문장 수정만 했고, 1991년을 되돌아보고자 하는 질문의 이해를 돕기 위해 그 시기를 잘 보여주는 사진들을 넣고 당시 신문을 참고해 1991년 연표를 작성했다. 그리고 전체 책의 논지를 밝히기 위해 서문을 대신해 이 글을 새로 작성했다.

이 책은 분석의 부재와 의지의 과잉이라는 우리 사회의 고질적 병폐를 함께 넘어서보고자 질문의 단초를 제기해보려는 것이다. 분석의 부재는 기존 구조를 바꾸는 것에 대한 무기력이 '의지의 과잉'으로 전환되면서 나타나는 상황이라고 할 수 있다. 분석의 부재와 의지의 과잉은 절망에서 벗어나려고 하는 외침을 승리의 환호로 오해하게 만드는 발판이 되며, 역사 기록에 항상 승리의 고점만을 기록하고 나머지는 승리를 위해 필연적으로 지나쳐야 할 자잘한 실수로 치부하는 경향을 조장한다. 1991년 전환에 대한 관심의 몰각이나 오해 또한 그렇게 등장한다.

1987년 이후의 역사를 1991년을 계기로 한 '자유주의 통치성'의 전환으로 분석하지 않고 '적과 동지'의 슈미트적 이분법으로 나누는 87 체제론은 여러 후과를 남겼다.

첫째, '우리'가 누구인지도 이해할 수 없게 되는데, '우리'라고 같은 편으로 묶어놓으면 내부적 이질성과 모순이 모두 덮이고 '우리'를 상대와의 관계를 통해 보는 것이 아니라 우리의 본질적 특성을 고립된 고정성으로 오해하게 된다.

둘째, 상대가 누구인지도 알 수 없게 된다. 내가 고정되면 상대 또한 어떤 고정된 실체, 음모를 꾸미는 오래된 조직 같은 것으로 구체적으로 그려야만 대응도 가능하고 분노도 표출될 수 있기 때문이다. 그래서 이미 존재하지 않는 가상의 적을 계속 불러내지 않을 수 없다. '진보'나 '좌파'는 이미 오염된 단어가 됐다.

셋째, 여기서는 어떤 '관계'에 대한 복합적 이해도 필요 없고 고정된 실체를 가진 적과 악을 찾는 것만이 필요할 뿐이다. 역사도, 정세도, 관계의 복잡성도, 과잉 결정된 정세에 대한 인식도 사라지고 환원주의를 비판하는 더욱 단순한 환원주의가 등장한다.

넷째, 그리고 푸닥거리와 벌주기 등에서 쉽게 해결책을 찾으면서 징벌과 제거의 수사학이 부상한다. '정치의 사법화'는 사실 87 체제론과 동전의 양면이다. 그리고 그것은 한국에만 있는 것은 아니고 현대 정치의 아포리아라고 부를 수 있는 것이기도 하다.[3]

---

3 나는 백승욱(2012)과 백승욱(2007)에서 중국의 문화대혁명이 사실 이런 근대 정치의 아포리아 속에서 침몰했음을 보여주려 노력했다. 문화대혁명기 조반파의 자기 성찰

이 책은 긴 역사적 호흡 그리고 역사적 시간대의 중첩이라는 관심을 배경으로 지난 30여 년간 한국 사회에서 펼쳐진 중요한 역사적 시점에 대해 정치적 평가를 시도하는 것이기도 하다. 2008년 광우병 반대 촛불 시위, 2016~2017년 박근혜 전 대통령 탄핵을 촉발한 촛불 시위, 그리고 스스로 '촛불 정부'를 자처한 문재인-민주당 정부의 교체를 낳은 2022년 대통령 선거에 대해 통상적 평가와는 다른 평가를 시도해보려 한다. 세 번의 역사적 사건에서 지배 계급과 통치의 재평가에 대한 심각한 분석 부재와 의지의 과잉이 반복되고 있음을 확인하려고 한다. 또 이런 역사적 계기들에 대한 평가를 통해 우리가 1987~1991년 시기에 대해 어떤 오해와 분석의 부재를 안고 있는지, 우리는 왜 여전히 30년이 지나서도 1991년의 질문에서 벗어나지 못하는지를 살펴볼 것이다.

그리고 이 책의 범위를 벗어날 수 있는 것이지만, 30년 전의 1991년을 되돌아봄으로써 우리는 현재 한국 사회의 위기를 이해하려면 시야를 한편으로는 그보다 더 긴 역사적 시간대로 확장해야 하고 다른 한편에서는 전 지구적 시공간으로도 확장해야 함을 느끼게 될 것이다.

과정에 대해서는 조정로(2015)도 참고할 수 있다. 조반파 배경의 중국 자유주의 지식인으로부터도 문화대혁명의 복잡성을 배울 수 있다. 전리군(2014)의 글도 자기 성찰로 중요한데, 이 글은 문화대혁명에 대한 내 책을 대만에서 중국어로 번역 출판할 때 써준 중문판 서문이다. 마오쩌둥의 문화대혁명과 시진핑의 통치를 단순 동일시하는 단순함에서는 아무것도 역사에서 배울 수 없다.

푸코의 분석 틀을 빌려 통치성을 내치와 외치로 나눠본다고 할 때 서두에서 언급했듯이 한국 사회는 내치와 외치 양 방면에서 모두 심각한 위기에 처해 있다. 이 책은 그중 내치의 위기를 살펴보는 과제를 '1987 체제론'을 벗어나는 시도에서 찾으려 한다. 물론 내치 위기의 핵심으로 더 나아가려면 축적 구조에 대한 분석이 필요할 것이지만 이 책은 분석의 시야를 '통치'에 일단 한정했다. 다른 한편에서 외치의 위기는 국제 정세에 대한 비슷한 '분석의 부재와 의지의 과잉'과 맞물려 나타나며 그 결과 동아시아 정세의 급변을 이해하지 못한 무능력이 문제가 되고 있는데, 이에 대해서도 조만간 별도의 책자에서 심도 있게 다뤄볼 계획이다.

책을 낼 때마다 드는 생각이지만, 지식인은 과도할 정도의 이론적 비관주의를 유지해야 하고 그것이 지식인의 사유의 건강함을 유지시킨다. 역사를 조금이라도 긍정적 방향으로 전환하려면 두고 온 과거의 오류와 난관을 정교히 분석해야 한다. 다시 같은 오류를 되풀이하지 않기 위해서다. 이론적 비관주의는 '이론적'이라는 의미에서 걸려 넘어질 수 있는 모든 가능성을 고려에 두고 이쪽과 저쪽 어디에도 예외를 두지 않는 비판적 분석의 관점을 의미한다. 그 이론이 '비관주의'로 보일 정도로 극한적일 때 그것의 의미 또한 실천적으로 살아날 수 있음을 강조하지만, 비관주의가 '이론적'이라는 점에서 이론적 도움과 결합한 새로운 실천들이 기존의 세력 관계와 구조에 균열을 낼 수 있고 또 그러기 위해 자신을 반복함을 부정하지도 않는다.

그래서 결국 이론적 비관주의가 가야 하는 길은 자기 자신을 포함한 '계몽'이지 '선동'이 아님을 강조하지 않을 수 없다. 100년 동안 민중들이 늘 거리에 나와 같은 일을 반복하는 것을 찬양하고 오늘도 또 거리에 나오라는 손쉬운 선동에 넘어가지 않게 할 책무가 지식인에게는 있다. 몇 년 전 책을 내며 서문 말미에 이렇게 썼다. "현실을 밀고 가는 운동은 대중의 낙관주의를 지녀도 좋지만, 현실을 분석하는 이론은 오히려 충분히, 과도하게 비관주의여도 좋고, 또 그래야 할 것이다. 상대에 대한 과소평가가 과대평가보다 훨씬 더 위험한 것이기 때문에"(《생각하는 마르크스》 '책머리에')라고. 지금도 같은 생각이고 훨씬 더 심각하게 그렇다.

1991년을 되돌아보면 그때 함께하고 함께 같은 길을 걷는다 생각했던 많은 이가 떠오르고 그중 같은 고민을 부여잡고 있는 사람들이 얼마나 남아 있는지 생각하면 놀라곤 한다. 그런 점에서 개인적 친분이 있지는 않지만 '되돌아보는 1991년'을 생각하며 가장 먼저 떠올린 인물은 가수 정태춘이었다. 1991년을 전후해 벌어진 일들의 상징까지는 아니더라도 그 현실의 일부였고, 그 현실을 가장 치열하게 고민했고, 아직도 그때 고민을 붙잡고 있는 사람이어서다. 그는 1991년 종로 거리에 서 있었고 그 여름 장마를 지나며 갑자기 급변한 상황에 쉽게 적응도 변신도 할 수 없었다. 그 고민을

'92년 종로, 장마에서'와 '사람들'이라는 노래에 기록으로 남겼다.

정태춘의 고민은 그 후로도 10년이 지속돼 '다시, 첫차를 기다리며'에 담겼다. 1991년의 종로 거리에 서 있었던 사람들 중 고민의 시대를 개인적 '사회자본'으로 만들어 사다리 올라타기에 활용한 이가 적지 않지만, 그는 그런 일 따위에 전혀 관심도 없었고 여전히 30년 전 그 시대의 고민을 부여잡고 있다. 그는 출로를 찾기 어려울 때 오히려 자신의 무기인 노래를 만들고 부르는 일을 접는 것으로 시대와 대화했다. 말하지 않아야 하고 할 수 있는 말이 없을 때 말을 중단하는 것, 지식인들이 가장 배우기 어려운 덕목이다.

그는 우리가 역사 속을 달리지만 "짐짝"이 되어서도 안 되고 "평행선 궤도만 달리는 열차 자체가 되어서도 안 된"다고 30년 전에 우리에게 말했다. 우리가 잡아 탄 열차의 목적지를 정확히 알고 있지 않더라도, 열차의 짐짝이 되어서는 안 되고 열차의 "또 다른 칸"으로 옮겨 다니며 해결됐다고 착각해서도 안 되고, 내가 열차고 열차가 곧 나라는 오만한 정신 승리에 빠져서도 안 된다고 하면서, 묵묵히 어두운 터널을 30년째 달리고 있는 존경할 만한 우리 시대의 가수 정태춘에게 이 책을 바친다.

(2022년 11월)

2022년 20대 대선 평가

: 촛불의 오해, 차도 응징, 그리고 자유주의라는 질문

차도 응징

2022년 3월 9일에 치러진 제20대 대통령 선거의 과정과 결과에서 확인되는 특징은 기이하다. 두 정당의 정책 대결이 중심이 되지 않았고 대통령 선거 이후 요동치는 세계에서 한국 사회가 어디로 나아갈지 전망하는 일도 비교할 만큼 다른 입장이 드러나지도 않았다. 정당만 그랬던 것이 아니다. 학계나 사회운동 단체를 살펴봐도 현 시기 한국 사회의 문제와 개선 방향에 대한 토론이나 국제 정세 분석과 대처를 대통령 선거의 쟁점과 연결하려는 시도를 한 경우는 거의 찾아보기 힘들었다.

선거 구도의 기이함은 주요 대통령 후보들을 일별해봐도 확인된다. 사실상 문재인 정부(또는 민주당) 출신이거나 민주당과 긴밀한 관계가 있는 후보들만 눈에 띈 대선이었다고 해도 무방했다. 더불어민주당의 공식 후보는 19대 대선 후보 선출 과정에서 문재인 후보에 맞서 대립각을 세운 당내 비주류 출신이고, 국민의힘 후보는 문재인 정부의 검찰총장 출신, 국민의당 후보는 더불어민주당의 전신이라 할 수 있는 새정치민주연합의 대표 출신, 독립 후보로 나온 인물은 문재인 정부의 경제부총리 출신이었다. 마지막으로 민주당과 직접 관련이 있지는 않지만 진보 세력으로부터 "민주당 2중대", 심지어 위성 정당인 열린우리당이 등장한 뒤에는 "민주당 3중대"라는 비판까지 들었던 진보 정당의 후보까지, 모두 민주당 및 문재인 정부와 관련된 후보들끼리 치고받은 기이한 선거였다.

선거 결과 또한 쉽사리 해석되기 어려웠다. 0.7퍼센트 표차라는 전례 없는 박빙 승부도 그렇지만, 윤석열 국민의힘 후보가 2022년 1월 초 선대위를 재정비하는 과정에서 김종인 총괄선대위원장과 결별해 중도 세력을 거의 포기하다시피 하며 '셀프 낙선 운동'을 진행하고 '도로 한나라당'이라는 비난을 받았는데도 정권 교체의 흐름은 뒤집어지지 않았다. 그럼, 선거 이후 이제 다시 'MB 정부 시즌 2'로 단순히 회귀하는 길로 가고 있는가, 그럼, 민주당은 전열을 가다듬어 '촛불 시즌 2'로 나아가면 다시 원점 복귀할 수 있는 상황인가?

그렇게 보이지는 않는다. 이번 선거 과정과 결과의 기이한 특징을 이해하려면 '촛불 2기 정부'나 '4기 민주 정부' 같은 환상을 벗고 좀 더 긴 역사적 시야로 그 의미를 평가해보는 노력이 필요하다.

성찰의 출발점은 이번 선거에서 두드러지게 나타난 '차도借刀 응징', 즉 '문재인 정부의 칼을 빌려 문재인 정부와 민주당을 응징한다'는 구도를 이해하는 것이다. 차도 응징에는 두 가지 서로 다른 의도가 섞여 있다고 보이는데, 한편에선 '촛불' 이후 문재인 정부를 지지했거나 또는 적극 지지하지 않더라도 암묵적으로 우호적 태도를 보인 사람들 상당수가 정부에 실망해 정부의 '적폐 청산의 최고 칼잡이'를 정부에 돌려세우려고 한 것이다. 다른 한편에는 박근혜 전 대통령 지지자들 중에서 '박근혜 탄핵-구속-투옥'에 대한 보복을 문재인 정부에 되돌려주려는 의도에서 정부의 '칼잡이'를 선택한 맥락도 있었다.

차도 응징이라는 특징과 거기에 섞여 있는 이질적 구도 때문에 윤석열 후보가 당선된 뒤에도 그런 응징 정서는 때로는 강렬히 지속되기도 하지만, 반대로 첫째 부류에 속한 사람들에게서 나온 응징 정서는 기존 제도들의 마구잡이식 파괴를 일단 막고 '3월 9일까지만 지지'라는 입장을 바탕에 깔고 있는 이상 상황 전개에 따라 새로운 정치적 변수로 작용할 가능성도 높다.

이번 대통령 선거의 특이성을 이해하려면 차도 응징이라는 태도가 나온 이유, 특히 촛불에 참여했고 문재인 정부 등장에 어느 정도 우호적이었던 세력들에게서 그런 태도가 나온 이유를 찾아봐야 한다. 이들이 선거에 직면해 민주당과 문재인 정부에 던진 질문은 '민주당, 너희는 누구인가?'였다.

점점 더 많은 사람이 민주당을 '촛불 2기 정부' 같은 것이 아니라 오히려 '촛불 참칭 정부'나 심지어 '촛불 찬탈 세력'으로 보고, 민주 당이 대체 어떤 정치 이념과 지향을 가진 세력인지 근본적 질문을 제기하기 시작한 것이다. 대통령 선거가 끝난 뒤 이른바 '검수완박' 의 무모한 추진이 정국을 압도하는 가운데 이 질문은 계속 강화되 지 않을 수 없다. 대체 민주당 세력은 '제도'와 '통치'에 대해 어떤 생각을 갖고 있는지 묻게 되기 때문이다.[4]

대선 이후 현 상황을 이해하려면, 그리고 문재인 정부에서 나타 난 난맥상과 기이한 대선 결과를 이해하려면 우선 그 모든 출발점 인 2016~2017년 촛불 항쟁을 냉정히 재평가할 필요가 있다. 촛불 의 환상을 부여잡고는 지금 전개되는 결과를 이해하기 힘들 것이다.

20대 대선 후 상황은 어떤 점에서 바로 2016년 탄핵 직전으로 다시 돌아간 것처럼 보인다. 탄핵을 되풀이한다는 점에서가 아니라 탄핵으로 나갔던 것과는 다른 선택지를 모색해볼 상황이 재연됐다 는 점에서 말이다. 양당 간의 외면상 격렬한 대립 구도로부터 다소 거리를 유지하고 현 상황을 살펴보면, 탄핵됐던 대통령은 사면으로

---

4 이번 대통령 선거의 기이한 특징과 집권 세력의 문제점에 대해 객관적 입장에서 분 석한 대표적인 글로 정치 컨설턴트 박성민의 '민주당의 '정치적 자폐', 스스로를 비주 류로 유폐하다'(경향신문 2022.3.21.)가 있다. 지난 5년에 대한 해외 학자의 평가로 신기 욱 교수의 글 '문재인 5년, 소나기에 흠뻑 젖은 한국 민주주의'(신동아 2022년 5월호)도 참고할 만하다.

풀려나고 탄핵의 혜택으로 행정부와 입법부를 완전히 장악한 민주당은 급속히 쇠퇴 중이며 '보수'는 세력 재편의 모습을 보이고 있다는 점에서 마치 탄핵되기 직전 상황으로 돌아간 것처럼 보이지 않는가. 지난 5년 사이에 어떤 유의미한 변화가 있었을까?

촛불을 거쳐 왔지만 다시 촛불 시기 전으로 돌아가 논의를 전개해야 한다면 그간 5년을 거치는 동안 우리 앞에 두 가지 중요한 쟁점이 놓여 있었음을 알 수 있다. 첫째, 탄핵 이후에도 변형된 형태로 지금까지 지속되는 '정치의 사법화'라는 문제다. 둘째, 한국 역사에서 '제도로서 자유주의'와 관련한 질문으로 이번 대선에서는 '리버럴 중도주의의 복원 혹은 재건'으로 제기된 것인데, 이는 2016년 촛불의 1국면에 등장했다가 이후 묻힌 것이지만 기실 촛불 훨씬 전으로 더 길게 소급해 논의해야 할 쟁점이다. 오해 많은 '87체제'라는 규정이 유용한지 여기서 쟁점이 되지 않을 수 없다.

이 글은 20대 대선의 과정과 결과를 좀 더 긴 시간의 질문으로 확장해 오랫동안 지속되는 정치적 쟁점을 검토해보려고 한다.

조금 짧은 시기의 반성: '촛불 혁명'의 신화에서 벗어나기

문재인 정부의 지난 5년은 자칭 '촛불 정부'라는 신화에 기반해 있었다. 과연 그러한지, 그랬다면 '촛불 2기 정부'는 왜 실현 불가능했는지 검토할 필요가 있다. '적들의 포위'나 '레거시 미디어와 기울어진 운동장'이라는 핑계를 되뇌며 현실에 눈을 감을 것이 아니라면 말이다.

2016년 10월 이후 벌어진 촛불의 과정을 분석할 때 무엇보다 주의할 점은 이를 동질적인 한 과정이 아니라 적어도 셋으로 나눠 상이한 국면들로 봐야 한다는 것이다. 1국면은 최순실의 국정 농단이 불거진 뒤 12월 9일 국회에서 박근혜 대통령에 대한 탄핵소추안이 통과되기까지(최초 사회운동의 방향은 탄핵이 아니라 하야였다), 2국면은 특검 수사를 바탕으로 최종적으로 헌법재판소에서 탄핵 결정이 내려지기까지, 3국면은 탄핵 결정이 나온 뒤 대통령 선거로 나아가기까지로 구분할 수 있다.

특히 지금까지 지속되는 촛불의 영향을 이해하려면 1국면을 비판적으로 검토하는 것이 중요하다. 2016년 4·13 총선 이후 지배층 내에서 동요가 일어나고 이것이 청와대 민정수석 우병우 문제부터 시작해 K스포츠와 미르 재단의 배후에 있는 '비선 실세' 문제까지 이어져 폭발하는 과정이 촛불 1국면의 특징인데, 이 초기 국면에 민주당뿐 아니라 정의당이나 여러 사회운동 단체들이 어떤 상황에 처해 있었는지 잘 살펴볼 필요가 있다. 이들 대부분은 그해 10월경까지도 별다른 변화 없이 심각한 무기력·무능력 상태에 있으면서 어떤 '폭로'도 주도하지 못하고 어떤 집단적 대응도 이끌지 못했다. 이는 2012년 12월 18대 대통령 선거에서 박근혜 후보가 당선된 뒤부터 꽤 오랫동안 지속돼온 모습이었다. 무기력과 무능력은 특히 '통치 집단에 대한 정교한 분석'의 부재와 관련이 있었다. 박근혜 체제가 어떤 세력들로 구성돼 있고 통치 집단 내에서 어떤 균열이 발생했는지, 거기서 민중의 불만은 어떤 영향을 끼치고 있는지 등 체계적 분석이 보이지 않았다. 이후 촛불 국면이 진전되면서 이들 세력의 대응은 달라졌지만 '정교한 분석' 부재는 여전하고 정세에 대한 객관적 분석(특히 통치 계급에 대한 분석)을 행하지 않고 다만 '주체의 의지'만을 앞세우는 변화만 확인될 뿐이었다.

그래서 촛불 1국면을 다시 되돌아볼 때 우리는 그해 1년 전 민주노총이 중심에 서서 진행한, 한상균과 백남기로 대표되는 '민중총궐기'가 틈새의 균열을 만들어냈다는 사실을 잊는 것만큼이나 그때 당시 광화문에서 민주당과 문재인이 환영이 아니라 야유의 대상이었다는 점도 쉽게 잊고 있다.

잘 알려진 사실이지만 촛불 1국면은 통치 계급 내의 균열에서 비롯한 '궁정 쿠데타'적 성격을 띠고 있다. 출발점은 4·13 총선에서 여당의 대대적 패배였다. 조선일보와 TV조선의 기민한 변신이 이를 잘 보여준다. 조선일보는 2016년 4월 21일 사설에서 "연정·합당 등을 통해 정치권을 흔들거나 모든 것을 내주겠다는 각오"를 강조했고 그래도 새누리당의 태도가 변하지 않자 7월 중순부터 본격적 행동에 나섰다. 즉 7월 19일 우병우 의혹을 폭로하고 TV조선이 이를 받아 7월 26일과 8월 2일 각각 미르와 K스포츠 재단 의혹을 폭로했다. 폭로 당시 TV조선은 최순실(최서원)의 실명을 공개하지 않았지만(실명 공개는 이후 한겨레신문이 맡았다) 이미 최씨의 출국 계획을 추적해 출국 현장을 찍은 영상 취재까지 확보해둔 상태였다.

촛불이 2국면으로 전환되기 전에 '보수'는 매우 기민하게 대응했고 그 방향은 박근혜 하야와 중도통합 정부 수립(거국중립 내각 수립과 내각제 개헌)이라는 '양보적' 자세였다. 조선일보는 10월 12일과 11월 12일 연속으로 사설을 실어 개헌 논의에 불을 당겼고, 11월 1일엔 '박대통령 탈당하고 친박·비박 다 해체해야'라는 제목의 도발적 사설을 실었다. 11월 2일에는 김병준이 거국 내각을 구성할 국무총리로 내정됐다.

11월 12일 '백만 촛불'을 돌파하던 날(바로 한 해 전의 '민중총궐기'를 다시 주도하기 위해 민주노총이 조직적 집회를 주도한 결과였는데도 민주노총 조합원들은 '조끼'를 벗고 나와야 했다) TV조선의 광화문 광장 현장 생중계는 매우 인상적이었다. 마치 대중에게 광화문 광장으로 당장 나오도록 촉구해 촛불 혁명을 선점하겠다는 선동을 방불케 했다. 백만 촛불 직후 조선일보는 "퇴진이든, 탄핵이든, 거국 총리든 지금 이런 식으로 박대통령 남은 임기 1년여를 보내기는 불가능하다는 공감대가 여야 가릴 것 없이 형성돼가고 있다"고 주장했고 마지막으로 11월 22일 김대중 칼럼에서 "이제 박근혜는 과거다"라고 못 박았다.

조선일보가 대표적으로 보여준 보수 재편 구상은 '질서 있는 퇴진' 또는 '질서 있는 퇴각'론으로, 첫째, 탄핵 대신 하야를 선택하고 둘째, 거국중립 내각과 김병준 총리론을 내세우며 셋째, 새누리당을 야당으로 재편하는 것까지 감내한다는 내용이었다. 하지만 박근혜가 하야를 거부하고 버티면서 상황이 급변하자 보수 재편의 1국면은 탄핵의 2국면으로 바로 전환됐다.

2국면에 들어서면서 1국면 때 존재감이 없던 야당(민주당)이 급부상하고 '문재인 대세론'이 등장했다. 그렇지만 여전히 민주당은 촛불 상황에 대해 '보수'만큼 일관된 계획을 수립하지 못하고 다만 대세에 올라탈 준비를 마련한 상태였다.

촛불 2국면에 들어 민주당의 존재감이 조금씩 생겨났지만 그렇다고 1국면을 주도하던 '보수 재편' 구도가 사라진 것은 아니었다. 1국면에서 2국면으로 진행되는 과정에서 가장 주목되는 측면은 통치 집단의 재편을 위해서라도 새로운 '언론-검찰 연합' 강화가 중요한 과제로 부상한 것이었다. 이를 잘 보여준 상황이 2016년 11월 22일 동시에 벌어진 두 사건이다.

하나는 민정수석 최재경이 사퇴한 것(김현웅 법무부 장관과 동반 사퇴)이고, 또 하나는 검찰에서 흘러나온 '촛불이 횃불로 바뀔 수도 있다'는 이야기였다.[5] 결합된 두 에피소드는 '순실 천하'가 '검찰 천

---

5 최재경은 채동욱과 함께 검찰총장 후보로 오른 인물로 조선일보가 채동욱을 쳐낼 때 염두에 둔 카드였다. 이때 박근혜 '하야'를 추진하기 위해 우병우 후임으로 등장했다. 탄핵 후에도 최재경은 조선일보와 긴밀한 관계를 유지했고 대장동 사건 때 다시 이름을 올렸다.

하'로 전환하는 시점에서 나온 것으로 볼 수 있었다. 최재경의 민정수석 역할은 우병우와 최순실 문제를 정리하고 박근혜의 하야를 이끌어내기 위한 언론-검찰 연합의 시도였다고 보이는데, 그가 사퇴했다는 것은 하야라는 '질서 있는 퇴진'이 불가능하고 보수 세력 또한 탄핵으로 나아갈 수밖에 없음을 인지한 것이었다. 같은 날 언론에 등장한 검찰의 말 "횃불"은 지금까지 비밀을 '폭로'해 정세를 이끌고 간 것이 조선일보였다면 이제부터는 그 역할을 조선일보와 검찰이 함께 맡을 것임을 보여준 것이었다('검찰'은 '특검'으로 확장될 수 있다). 이처럼 하야 국면이 탄핵 국면으로 전환하는 것과 함께 등장한 언론-검찰의 튼튼한 연합 형성은 탄핵을 지나서도 어쩌면 지금까지도 중요하게 작동하는 구도라고 할 수 있다.

탄핵이 2국면을 거쳐 급속히 3국면으로 진전되면서 1국면 때 존재감이 별로 없던 민주당과 문재인은 '대세론'에 올라탔다. 그리고 당선 후 인수위원회 기간도 거치지 않고 바로 집권을 시작하면서 '촛불 정부'를 자청했다. 하지만 그에 앞선 5년간의 무능력이 촛불을 계기로 불현듯 유능함으로 신속히 바뀔 수 있는 것은 아니었다.

이후 몇 년간 문재인 정부의 핵심 정책인 소득 주도 성장과 남북 화해, 부동산 정책이 연이어 성과를 거두지 못하고 실패한다. 두드러지게 그리고 유일하게 성과로 부상한 것이 '적폐 청산'이었다. 그런데 적폐 청산이라는 구도를 살펴보면 이는 사실 박근혜 탄핵 과

정의 특징과 문재인 정부를 단절하는 게 아니라 오히려 유사한 '정치의 사법화' 구도의 연장으로 이어지는 게 아닌지 다시 생각해보게 된다.

촛불 과정이 2국면에서 3국면으로 전환하며 형성된 핵심 구도가 언론-검찰 연합이었다면 문재인 정부는 과연 이로부터 탈피했을까? 오히려 이를 적극적으로 자기 것으로 만들고 그것을 자신들의 방식으로 대체하고 강화하지 않았을까? 대선 '차도 응징'의 출발점은 이 연속성 때문에 형성된 것으로 이해해볼 수 있지 않을까? 그렇다면 촛불 2국면의 언론-검찰 연합이 '김어준-윤석열 연합'이라는 '적폐 청산 연합'으로 대체된 것은 아닐까?

기득권 언론을 대체하는 '대안 언론'과 기득권 검찰을 대체하는 '비주류 검찰'의 연합으로서 '김어준-윤석열 연합'은 '조선일보-검찰 연합'을 대체해 사실상 문재인 정부의 적폐 청산 작업의 핵심으로 기능하며 기업, 법원, 전직 대통령까지를 모두 사법 대상으로 처리하는 '성과'를 거둘 수 있었다. 대안 언론의 '포퓰리즘적 여론 몰이'에 결합한 '먼지 털이식 수사'는 다른 한편에서 청와대 게시판으로 상징되는 '정치의 사법화'의 기본 틀과 멀리 떨어진 것은 아니었다.

2016년 4·13 총선이 박근혜 체제를 지탱하던 언론-검찰-이데올로그들이 이탈하게 되는 출발점이었다면, 2019년 조국의 법무장관 지명으로 시작된 '조국 사태'는 조금은 다르면서도 비슷한 균열의 출발점이었다. 조국 사태는 민주당식 언론-검찰 연합인 '김어준-윤석열 연합'의 한 축을 좀 더 '신뢰할 수 있는' 핵심 세력 연합으로 재편하려는 의도를 보여준 것이었다. '레거시 미디어와 기울어진 운동장'에 둘러싸인 '포위 강박'을 언론중재법을 통해 유리하게 재편하려는 동시에 연합의 다른 한 축이자 통제하기 어려운 윤석열 검찰을 좀 더 신뢰할 수 있는 새로운 공안 세력으로 대체하려는 시도가 등장했고, 이후 보듯이 민주당은 두 방면의 재편 모두에서 불가피하게 실패의 길에 들어섰다.

결국 집권 세력은 적폐 청산의 실질적 물리력인 유능한 공권력조차 상실한 채 '신뢰할 수 있는 대안 언론'(김어준-열린공감TV-서울의 소리)만 부여잡은 채 자기 수중에 장악할 수 있는 공권력을 확보하거나 아니면 최소한 자신에게 위해를 가할 공권력을 무력화하려는 무모한 시도만 반복해왔을 뿐이다. 이 연합에서 떨어져 나온 '비주류 검찰'은 '우리 검찰'을 거쳐 다시 '기득권 적폐 세력'으로 재규정됐다. 그렇지만 이제 '적폐 청산'으로부터 떨어져 나온 윤석열 대통령과 국민의힘이 정치의 사법화의 적폐 청산 구도를 벗어나 새로운 정치 구상을 수립하는 길로 나아가고 있다고 보기도 어렵다.

문재인-민주당 집권 세력이 정권을 상실하게 된 것은 언론과 공안 권력 두 세력을 완전히 자기 통제하에 두지 않으면 몰락한다는 심각한 강박이 있었기 때문이라고 보이는데, 그것은 촛불 1국면이 2국면으로 전환하는 시기에 '보수 재편'을 반영한 언론-검찰 연합을 성공적으로 자기 것으로 만들어내고 좀 더 힘을 쏟으면 이 전환에 확실히 성공할 수 있다는 착각으로부터 연유한 것이기도 하다. 위기를 미연에 방지하기 위해 의회 다수 의석을 기반으로 공권력('검수완박')과 언론(언론중재법)을 쉽게 장악할 수 있으리라고 생각한 오판이 결국 자신들의 정치적 정체성에 대한 의문을 스스로 불러일으켰다고 할 수 있다.

이런 이중의 강박 상황은 제도의 상호 연관성에 대한 경시와 대중이 자신들을 지지한다는 착각과 맞물려 무모한 모험주의적 시도를 낳게 된다. 2019~2022년의 상황을 겪은 민중들이 민주당을 향해 '너희는 누구인가?'라고 묻게 된 것은 이런 강박에서 출발한 모험주의가 이미 한국 현대사에서 비극적으로 귀결된 전사前史가 여러 차례 있었고 대중들이 그 귀결을 어렴풋하게나마 알고 있기 때문일 것이다.

공권력과 언론 장악을 시도한 민주당 집권 세력의 위험성은 대표적으로 정확히 1958년 정치의 무모함을 반복하고 있다고 보이는데, 1958년 정세의 무모한 개입이 결국 4·19로 귀결됐음은 잘 알려진 일이다. 1957년 말 김병로 대법원장 사퇴로부터 시작된 일련의 파국적 연쇄를 살펴보자(김학준, 2001).

1. 1957년 12월 이승만과 대립하던 김병로 대법원장이 정년퇴임하자 자유당은 사법부와 언론을 장악하려는 시도를 본격화한다.

2. 1958년 1월 17일 이승만은 대법원 주도의 법관 회의를 거쳐 추천된 후임 김동현 대법원장에 대해 제청하기를 거부한다. 6개월

간 대법원장은 공석으로 남다가 갈등 끝에 6월 9일 조용순 전 법무부 장관이 후임 대법원장에 임명된다.

3. 1958년 1월 12일 경찰은 조봉암(이승만의 가장 강력한 정치적 경쟁자)과 진보당 간부들을 간첩죄 및 국가보안법 위반으로 체포한다. 7월 2일 1심 재판부는 조봉암과 양명산에게 징역 5년(사실상 무죄라는 분위기)을 선고한다. 사흘 뒤 정치 깡패들이 법원을 습격하는 일이 벌어진다.

4. 1958년 여름 자유당 정권은 〈사상계〉와 코리아타임즈, 동아일보를 탄압한다.

5. 1958년 8월~12월 자유당은 야당의 입을 막고 언론을 제한할 목적으로 국가보안법 개정을 추진한다. 11월 8일 개정안에 '공연히 허위의 사실을 적시 또는 유포하거나 사실을 왜곡하여 적시 또는 유포함으로써 인심을 혹란하게 하여 적을 이롭게 한 자는 5년 이하의 징역에 처한다'는 조항을 추가한다. 11월 18일 더욱 강경하고 인권과 언론 자유의 광범한 침해가 우려되는 개정안을 제출한다. 11월 21일 한국신문편집인협회와 대한변호사협회가 언론 자유 및 법치 질서를 침해하는 신국가보안법에 반대하는 성명을 낸다.

6. 1958년 12월 24일 여당인 자유당은 야당 의원들을 강제로 쫓아내고 신국가보안법 등 10개 법안을 2시간 만에 통과시킨다(이후 2·4 정치 파동으로 이어진다).

7. 1959년 4월 30일 군정 법령 88호를 근거 삼아 야당 성향 신문

인 경향신문을 폐간 조치한다.

8. 1959년 6월 26일 서울고등법원이 경향신문이 낸 폐간 중지 가처분 신청을 인용하면서 폐간 조치가 중단된다. 정부는 그날로 다시 경향신문에 무기한 정간 조치를 내린다(이번 언론중재법에 대한 경향신문의 일관된 우려를 이해할 수 있는 역사적 맥락).

9. 1959년 2월 27일 대법원은 조봉암과 양명산에게 사형을 선고한다. 7월 20일 법원은 재심 청구를 기각하고, 7월 31일 사형이 집행된다.

10. 1959년 6월 29일 자유당 9차 전당대회에서 4대 대통령 후보로 이승만이, 5대 부통령 후보로 이기붕이 지명된다.

1958년 당시 자유당으로서는 이승만의 종신 집권은 이미 보장된 상태이고 의회 내 다수당의 지위도 흔들리지 않았는데도 '포위된 위협'이라는 강박에 사로잡혀 부통령 이기붕 당선을 위해 일련의 무리수를 두는 수순으로 나아갔다. 이런 강박 때문에 일련의 '자유주의'가 어떻게 폐기되고 무너지는지 살펴보는 것이 중요한데 첫째, 사법부를 굴복시켜 자신들에 대한 감찰 기능을 무력화하고 둘째, 비판적 언론을 배제하고 언론 통제를 강화하며 셋째, 사법부를 전면 장악해 공안 우위의 통치를 수립하는 길이었다.

1958년 자유당식으로 나아가는 통제 모델은 요즘의 해외 경험에 비춰보자면 중국식 공안 모델이 가장 근접할 것이다. 검찰을 사법부의 일원으로 인정하지 않고 공권력을 당에 복속시키며 공안(경찰)을 그 핵심으로 삼는 모델이다. 아마도 민주당의 '20년 집권의 꿈'과 중국식 공안 모델은 잘 어울렸을 것으로 보이지만, 민주당이 재집권에 실패한 이유의 한 단면을 보면 자신들 집권 세력의 구상이 사실 자유주의에 미달하는 중국식 공안 모델에도 미치지 못했음을 알 수 있다.

'시진핑 신시대 중국특색사회주의 사상'을 내세워 시진핑 장기 집권 구상을 그리고 있는 중국공산당은 공안 우위의 통치 체제를 유지하는 한편으로 장기 집권을 유지하기 위해 '매우 엄격한 당 관리(從嚴治黨)'를 전면에 내세워 자기 감찰 기능을 극대화함으로써 공안 통치 체제를 수립하고 있음을 모르고 있는 것이다(백승욱, 2022c). 18차 당대회 이후 시진핑이 주도한 지난 10년간 중국공산당은 '반부패'를 내세워 당원 감찰로 380만 건을 입안하고 374만 명을 징계 처분했다(石仲泉, 2022).

민주당이 비슷한 공안 통치 모델을 세우려고 했다면 인구 비교에 따라 매년 1만 명씩 지난 5년간 5만 명의 당원이나 고위 공직자를 징계 처분하는 방식으로 우선 자신들에 대해서부터 엄청난 칼바람을 휘날리며 대중의 지지를 확보했어야 했는지도 모른다(물론 칼바람이 자신들을 향한 것만은 아니고 쉽게 대중을 향해 돌려 세워질 것이겠지만). 그러나 민주당 집권 세력은 자신들은 감찰 대상에서 제외하고 외부의 '적들'을 척결 대상인 '적폐'로 삼는 식으로 좌표를 설정했고 지금도 그렇게 행동하고 있으니 문제 많은 중국식 시진핑 체제에도 미달하는 결과만 얻을 수 있었을 따름이다.

조금 긴 시기의 재평가: 87 체제의 신화에서 벗어나기

2016년 촛불이 진행되고 곧이어 민주당이 집권하는 이례적 상황에서 통치 집단의 구도를 포함한 전면적 분석을 하지 않고 '주체의 의지와 역량'을 중심으로 대응해오면서 그 폐해로 '촛불 2기 정부'론이나 '4기 민주 정부'론 같은 환상이 생겨났다. 그리고 이런 자기중심적이고 때론 오만한 사고의 뿌리에는 '87 체제론'이라는 역사 인식이, '우리 대 적'이라는 이분법에 기초한 승리 사관이 자리한다고 할 수 있다.

87 체제론의 입장에 설 때 반복적으로 확인되는 문제는 대상과 주체의 질문에만 몰두한다는 것, 즉 '누구'인가에만 초점을 맞춰 모든 대립을 여전히 남아 있는 '적폐 세력'에 몰고 그 세력을 제거하기 위해 '누가 집권해야 하나'라는 단순한 구도로 모든 쟁점을 귀결시키는 경향이 있다는 점이다. 반면 한국 사회의 통치 구조나 축적 체제의 지속성을 유지하는 제도는 무엇이고 어떻게 만들어지고 변형되는지에는 관심이 극히 소홀해진다. 이 때문에 필자는 '87 체제' 대신 '87 정세의 자유주의적 포섭의 시도와 반복되는 실패'로 바꿔 지난 30여 년 역사를 평가하는 것이 더 적절하다고 주장해왔다

(Baek, 2017).

한국의 현 정치 구도가 1987년의 과제를 '자유주의적으로 전환' 하려 한 1990년대의 반복된 시도에서 그다지 진전하지 않았다고 보이기 때문이다. 1990년 3당 통합에서 시작해 김영삼 정부의 '세 계화'로 이어졌던 1990년대 초 일련의 제도 전환 시도는 그에 앞선 유신 체제의 한계를 어떻게 넘어설지를 모색한 것으로, 유신 체제 라는 중간 단절기를 건너 1960년대 후반의 '자유주의적 체제'에 다 시 이어 붙이려 시도한 것으로 평가할 수 있다.

유신 체제는 자주 국방 중심의 재벌 주도 중화학공업화, 청와대 비서실과 상공부 중심의 개발 계획 전환, 차입 경제에 토대한 특혜 금융이라는 대표적 특징을 보였고, 이런 독특성에 눌려 있던 문제 들이 1979년 위기로 폭발한 바 있다(김형아, 2005). 1990년대 초 시 도된 '자유주의 전환'은 유신 체제를 돌파하려는 네 가지 특징을 보 였다.

첫째, 경제개발 5개년 계획의 틀, 특히 유신 체제의 자주 국방 구 도에서 벗어나 시장 주도 성장으로 전환을 시도한 것으로, 여기서 는 김재익-사공일-문희갑-김종인-박세일로 이어지는 청와대 (경 제)수석의 위상을 검토할 필요가 있다(그 중심 과제 중 하나가 재벌 개혁이었는데 성공하지 못했다). 둘째, '자유주의적 통치 체제'의 형 성으로, 내각제를 중심으로 정치 구도를 개편하는 것을 전제로 삼 아 보혁(보수와 혁신) 구도를 형성하려는 시도가 있었다. 1991년

'PD 3파 통합'에서 시작한 진보 정당 운동 또한 바로 이 맥락에서 등장했지만 헌정 체제의 질문을 발본적으로 제기하지 못한 채 거대 정당 대립 구도에 갇혀 실용적으로 생존을 도모하지 않을 수 없었다. 셋째, 북방외교의 전환이었는데, 한국 정치사에서 이례적으로 지정학적 변화에 주도적으로 대응한 사례이기도 하고 국제 정세를 국제 경제와 맞물려 고려한 시도였다. 여기서 중요한 것은 북한 문제를 외교와 통일 투 트랙으로 나눠 대응했다는 점이다. 이후 김대중 정부 이후 통일 단일 트랙으로 재전환되면서 시야가 좁아졌다. 넷째, 공권력의 중심이 '공안'(중앙정보부와 국군보안사령부) 우위에서 검찰 중심으로 이동하는 '사법부 제도화'가 추진됐다는 점이다.

1990년대 초반의 전환을 현재 되돌아보는 것이 중요한 이유는 한국에서의 자본주의 발전의 역사를 '자유주의 제도'의 착근과 변용의 역사 속에서 검토하고 그 측면에서 현재 위기의 특성을 이해하는 것이 중요하기 때문이다.[6] 한국에서 자본주의 작동의 제도적 조건으로서 자유주의적 제도 장치의 작동은 두 개의 이식-변용의 역사 속에서 해석될 수 있는데, 즉 경제 자유주의와 법조 자유주의의 결합의 역사로서 자유주의 제도 실천의 역사가 중요하다는 점

---

6 자본주의의 역사를 자유주의 제도 변천의 역사로 보는 것은 세계체계 분석의 역사적 자본주의라는 관점을 푸코의 자유주의 통치성의 질문과 연결해 설명하려는 방식이라고 할 수 있다.

을 이해할 필요가 있다. 경제 자유주의의 제도화는 로스토에서 시작해 청와대 수석들의 역할로 이어지고 이후 김영삼 시기를 거쳐 IMF 구조 조정을 거치는 과정으로 진행된다. 법조 자유주의의 역사는 일제강점기에 이식된 대륙법의 틀이 해방 후 김병로 대법원장 시기에 한국식 법률 체계로 갖춰진 뒤 유신 사법 통제를 거쳐 현재까지 어떻게 법조 엘리트에 의해 제도적으로 유지돼왔는지를 이해할 필요가 있다.[7]

1990년대는 '이식-변용'된 자유주의 제도의 위기를 해소하고 이 제도 장치를 다시 작동할 수 있게 '수선'하는 문제가 불거진 시기로 수선자의 역량에 대한 질문이 부상했다. 하지만 1990~1991년에 나온 여러 시도는 그다지 성공적이지 못했고 이후 오랫동안 미해결의 과제를 남겼다(3저 호황이라는 이례성으로 돌파되고 이후 중국 시장 개척으로 유예됐다).

이번 대선에서도 반복해 다시 불거진 쟁점으로 '통합 정부'와 내각제, 진보 정당의 착근, 사회운동과 정당운동의 관계, 사법부 독립, 재벌에 대한 대안 등을 확인할 수 있다. 이렇게 보면 군사정부의 잔재인 적폐를 청산하고 궁극적인 민주 정부 수립을 향해 나아간다는 목적론적 서술 구도를 지니는 '87 체제론'과는 상이한 분석 구도가 필요함을 알 수 있다.

---

7 고승철 · 이완배(2013), 김종인(2020), 김학준(2001), 한홍구(2016) 등을 참조

30년 전의 구도를 지금 다시 확인하는 이유는 이번 20대 대통령 선거에서도 그 구도와 쟁점이 반복됨을 확인했기 때문이다. 그리고 반복되는 구도와 쟁점의 이면에서 우리는 정치 세력의 분포 또한 해결되지 않고 있음을 확인할 수 있다. 단적으로 우리는 1987년에서 출발하고 1991년 분명해진, 이후 30년간 반복되는 세 정치 세력의 분화가 이번 대선에도 존재함을 알 수 있었다. 국민의힘은 YS 민주 계보와 영남당으로, 민주당은 DJ 민주 계보와 포퓰리스트로 구성되어 있고, 진보 정당은 1991년 PD 3파 통합에서 시작한 진보 정당 운동과 그 시기에 개시된 통일 운동 세력의 분화와 재결합을 겪어왔음을 알 수 있다. 그리고 이 셋 중에서 독자적 진보 정당 세력이 특히 취약하다는 것이 앞의 두 세력의 구성에도 영향을 주고 그것이 '자유주의적 전환의 반복되는 실패'로 이어져 자유주의 중도 세력이 형성되는 데 난점으로 나타난다.

이런 점에서 20대 대선은 향후 정치 구도가 두 가지 길로 분기될 것임을 보여주기도 한다. 두 민주 계보(국민의힘의 YS 계보와 민주당의 DJ 계보로 이는 한국 자유주의 부르주아 계급의 오랜 갈등 구도를 반영한다)를 중심으로 자유주의 중도 세력이 재형성되고 강화되는 길과 두 세력을 밀어내고 두 거대 정당이 영남당과 포퓰리즘 간의 적대적 공생을 강화하는 길이다. 여기서도 세 번째 세력인 진보 정당 세력의 취약함이 두 선택지 중 두 번째 방향으로 나아갈 가능성을 높인다(대선 이후 '검수완박' 과정에서 정의당은 재건의 기회를 또다시 잃고 있는 것으로 보인다). 20대 대선의 결과는 '도로 한나라당'과 더욱 폭력적인 포퓰리즘 간의 대립적 공생으로 언제든 귀결될 수 있는 것이다.

더 길게 보기
: '냉전' 신화에서 벗어나 자유주의 국제 질서를 재조명하기

앞서 살펴보았듯 이번 20대 대선은 1990년대부터 지속되고 반복되는 '자유주의적 재편의 반복된 시도와 실패'를 보여주고, 거기서 우리는 새로운 것과 맞물린 오래된 쟁점을 재확인하고 있다. 이렇게 본다면 이번에 우리는 자유주의적 제도 재편의 질문에 더 긴 시간대에서 제기되는 좀 더 심각한 질문이 덧붙여지고 있음도 강조해야 할 것이다.

이번 대선 기간에서 부각되지 못했지만 더 심각한 쟁점으로 세계 지정학에서 심대한 지각 변동이 일어났다. 이는 시간과 공간을 좀 더 확장해 제기해야 하는 또 다른 층위인 국가 간 체계에서 자유주의 제도 질서에 근본적 동요가 생겼다는 뜻이다.

20대 대선은 러시아의 우크라이나 침공과 맞물려 진행됐고 중국의 부상과 대만 위기, 북한의 미사일 발사 등을 배경으로 치러졌다. 대선 이후에도 러시아의 우크라이나 침공은 단지 '외부' 문제만이 아니라 동아시아 지정학에도 심대한 영향을 미치는 중요 요인으로 부상하고 있다. 그렇지만 젤렌스키 우크라이나 대통령에 대한 조롱에서부터 그의 국회 연설에 대한 한국 국회의 무관심에 이르는 일련의 상황을 보면, 이번 대선을 통해 국내 경제·정치 제도로서의 자유주의 질문을 제대로 검토하지 못한 취약점 못지않게 국제 지정학에서 자유주의 제도의 질문 역시 검토되기 어려운 상황임을 알 수 있다. 어찌 보면 국내 문제보다 국제 질서의 동요가 더 큰 문제가 될 수 있는 상황임에도 그렇다.

국제 질서에 대한 대응이 그렇게 나타난 이유는 한국 사회가 오랫동안 '대외적 요인'을 변하지 않는 상수로 생각해왔기 때문이라고 할 수 있는데, 따지고 보면 국내 경제 질서에 대한 대응 태도라고 해서 크게 다른 것은 아니었다.

그렇지만 이번 러시아의 우크라이나 침공이 여타의 국제 정세 동요 요인과 다른 것은 제2차 세계대전 이후 전 지구적인 국가 간 체계의 기본 구도로 정착한 얄타 체제와 그에 따라 수립된 유엔 구도를 근본적으로 흔들 수 있어서다. 이로써 얄타 체제 수립에 사실상 주역 노릇을 한 네 국가(미국, 소련, 영국, 중국) 사이에 마련된 합의의 토대가 흔들리고 있다(백승욱, 2020b). 우크라이나 전쟁을 통해 확인되는 국제 정세의 변화는 지금까지와는 근본적으로 다른 대응을 요구하는 상황이라고 할 수 있다.

첫째, 유럽에서의 전쟁 상황을 '신냉전'의 사고로, 즉 반복되던 대립이 좀 더 강화되는 방식으로 이해해서는 안 된다. 변화를 이해하려면 그 배경에 있는 신자유주의 이후 일어난 세계의 동요를 봐야 하고, 신자유주의가 개별 사회들의 해체에 작동하는 원심력을 어떻게 증대시켰는지, 그 원심력을 신자유주의 금융적 네트워크 통합을 통해 어떻게 억제해왔는지를 이해할 필요가 있다. 러시아 또한 처음부터 유럽 통합에서 배제된 지역이 아니며 유럽 통합의 난점이 드러나는 한 현상일 수 있음을 이해하는 것이 중요하다. 이런 상황에서 영토주의적 통합을 지향하는 국가들에서 통합의 구심력을 강화하려는 시도들이 권위주의적 통치 체제를 강화하는 방식으로 출현할 수 있다. 이런 배경하에 20세기 질서의 수립자들(미국, 소련, 중국을 포함한 얄타 체제) 내부에서 본격적으로 갈등이 전개되기 시작하고 이것이 자유주의 국제 질서의 근본적 위기로 나타난다는 점을 이해하는 것이 중요하다(물론 이번 전쟁에 작용한 나토의 동진이나 우크라이나 내부의 정치 갈등 요소의 중요성을 경시할 이유는 없다는 점을 전제하고).

둘째, 우크라이나 위기가 동아시아로 확장될 가능성이 높다는 점도 가벼이 볼 수 없다(백승욱, 2022d).[8] 우크라이나 위기는 대만 위기로 이어질 가능성이 높고 대만에 대한 중국의 군사적 위협이 향후 동아시아에 심각한 동요를 불러일으킬 가능성을 배제할 수 없다. 그렇게 된 데는 중국에서 시진핑 체제가 등장한 것이 중요한 계

---

[8] 중국공산당 제3차 역사결의에 대한 인천대 중국학술원 주최 학술 토론(유튜브 2021.11.29.)도 참조

기로 작용한다.[9] 시진핑 체제는 그에 앞선 개혁 개방 체제와는 매우 상이한데 주도 세력의 측면에서도 그렇고 사회의 원심력을 억제하고 강한 구심력을 형성해내는 방식에서도 앞선 체제와는 상이한 특징을 보인다(백승욱, 2022c). '전면적 당영도' '전면 종엄치당' '중화 민족의 위대한 부흥'으로 연결되는 고리를 알려면 '도전자 국가(contender state)'의 위상이 어떻게 변화해왔는지를 필수적으로 검토해야 한다. 이로부터 대만 위기의 성격이 달라지고 있는데, 중국이 대만을 점령할 잠재적 가능성이 향후 동아시아 질서 전체를 근본적으로 뒤흔들 수도 있다는 데에 대해 반드시 국내 정치에 대한 고려와 함께 고민해야 한다.

셋째, 국제 정세가 이렇게 요동치는 상황에서 한국에서의 대응에 대해 질문하지 않을 수 없다. 정부의 대응과 시민사회의 대응이 모두 문제인데, 특히 국제 정세를 분석하고 외교에 나설 때 '의지'만 돌출했지 '분석'이 부재했던 과거를 넘어설 수 있을지가 관건이다. 향후 대응에서 역사를 고정된 시각으로 보면 안 되며, 국제 질서에 대해 대란대치大亂大治나 대파대립大破大立이 아니라 자유주의 유산 속에서 자유주의 질서의 한계를 넘어서기 위한 노력이 중요함을 공론으로 만들어나가는 일이 전례 없이 중요하다.

왜 지금까지 지정학적 질서에서 상수로 여기던 구도가 근본적으

---

9 시진핑 체제의 배경을 이해하려면 문화대혁명 시기 혈통론 논쟁을 잘 이해해야 한다. 이에 대해서는 백승욱(2002)의 79~90쪽, 백승욱(2007)의 41~51쪽을 참조

로 동요할 가능성을 고려해야 할까. 우크라이나에서 시작한 국제 정세의 요동이 한반도에 주는 현실적 함의를 보면 세 가지 위기가 동시적으로 병행할 가능성이 있기 때문이다. 중국의 대만 점령과 러시아의 우크라이나 침공, 북한의 ICBM·핵실험 재개는 언제든 맞물려 진행될 가능성이 높다. 이런 상황은 전례 없는 것이고, 사실 이런 구도 전환을 평가하려면 20세기 초 제1차 세계대전과 제2차 세계대전 이후 펼쳐진 세계 질서를 종합적으로 판단해야 한다. 또 지금까지 익숙한 방식으로 대응해온 '좌파'적 태도에도 다시 근본적 질문을 제기하지 않으면 안 될 것이다.

국제 정세의 변화가 이런 위기 중첩으로 전개되면 결코 한반도에 우호적인 통일 시대가 열리지 않고 심대한 동아시아 지정학적 위기를 맞이할 것이다. 이런 동요를 대비해 미리 대응 태도를 준비할 수 있을지가 중요해진다(백승욱, 2022d). 그렇지만 현 상황을 보면 20대 대선 과정에서 드러났듯이 한국 사회가 국제 질서의 근본적 변동에 대응하지 못하고 준거 없는 '국익론'에 사로잡혀 표류할 가능성도 높아 보인다.

좀 더 길게 보기: 사상사의 부재와 맞물린 '인민' 부재의 현대

20대 대선에서 우리가 한편에서 1990년대 이후 30년간 지속된 '자유주의적 포섭의 반복된 시도와 실패'를 보고 다른 한편에서 한반도가 놓인 국제 질서가 근본적으로 요동치는 상황에 대한 대응 부재를 읽어낸다면, 이제 질문은 이런 위기와 재편의 시기에 어떤 돌파점을 찾아야 하는가가 될 것이다. 집권 세력의 재편이 계속 반복되는 상황에서 이미 취약함을 노정한 진보 정당 운동을 포함해 사회운동의 아래로부터의 대응은 특히 어떤 어려움에 처해 있고 그럼에도 어떤 돌파점을 지녀야 할지가 계속 문제가 된다.

과제는 지난 30년에서 한 세기에 걸친 시기를 '자유주의 제도 형성과 재편'의 역사로 분석하는 동시에 그 제도의 한계와 위기를 돌파할 계기를 찾는 사상적·실천적 노력을 수립하는 것이 될 것이다. 그렇지만 그런 과제가 만만치 않은 이유 또한 20대 대선 과정에서 적나라하게 드러난 셈인데, 시야를 좀 더 길게 끌어가 한 세기 동안 한국의 역사를 되돌아보면 가장 큰 취약함은 성찰의 준거가 될 사상과 사상사의 취약함이다. 민주당의 정체성과 토대 이념에 대한 대중의 의문이 '차도 응징'이라는 태도로 분출했지만 그럼에도 제기된 질문이 사상사적·제도적 근본 질문으로 진척되리라고 기대하기는 쉽지 않다.

앞서 검토한 대로 지난 반세기 동안 한국 현실의 특이성에 따라 제도적 실천으로서 자유주의의 기틀이 상대적으로 안정적으로 작동해왔을 수는 있지만, 반면 제도적 작동을 점검할 준거로서 자유주의의 사상적 자원은 매우 빈약하다(백승욱, 2019b). 지금까지 그랬듯 앞으로도 '자유주의' 제도에 대한 논쟁이 본격 전개되리라고 기대하기 쉽지 않고 자유주의의 사상 자원이나 사상적 준거의 취약함은 그와 맞물려 사회주의적 사상이나 실천의 취약함으로도 이어진다. 자유주의 사상 및 실천과 진지하게 대결하지 않는 사회주의는 불가능하며, 그것은 일시적으로 보수적 사회주의 형태로 출현했다가 곧 분노의 정념들의 대치를 동반한 새로운 권위주의의 변형으로 귀결될 뿐이기 때문이다.

촛불 이후 지난 5년간 진행된 '정치의 사법화'를 보면 그 이면에는 구성돼야 할 주체로서 '인민'에 대한 담론이 총체적으로 부재하고 이를 대신해 혈통적 '민족' 담론이 등장하고 늘 그 뒤에는 군주제를 지향하는 '근왕주의勤王主義'만 있을 따름이다. '청와대 게시판'보다 이런 기이함을 잘 보여주는 사례는 없을 것이다. 그리고 인민 담론이 취약한 탓에 그 이면이자 거울상으로서 '헌정 논쟁의 부재'가 계속되고 반복적·경합적 모델들을 '이식'하려는 욕망이 이어질 뿐이다.

'검수완박'을 둘러싼 소모적 대립을 보면 지난 100년간 제대로된 '헌정 논쟁'이 없었다는 한계가 좀 더 명확히 확인된다. 한국 사회에는 지금까지 유지되고 있는 '정체政體'에 대해 합의된 사상적·이념적 토대가 부재하고, 헌정 논쟁이 부재하면 그로부터 이어져야할 어떤 정치적 권리에 대해서도 제대로 된 논쟁이 전개되기 어렵다. '법률에 의한 통치'가 매우 촘촘히 작동하며 법률 제도 유지를 통해 거대한 통치 장치를 지탱하는 한국 사회에서 역설적으로 상

징적으로라도 소유권(재산권)을 둘러싼 논쟁조차 제대로 전개된 적
이 없고, 개인의 권리에 대한 논쟁과 그 제도화의 법률적 장치에 대
한 토론도 전문가 범위를 벗어나 제대로 진행된 적이 없었다(백승
욱, 2017a).

이 글에서 되풀이해 1990년대 초반을 소환하는 이유는 그때보
다 지금이 훨씬 더 '체계'와 '제도 장치'를 수선할 필요성이 높아졌
는데도 체계와 제도 배치 전체를 조망하는 관점에서 '수리와 재건'
을 어떻게 수행할지 토론이 심각할 정도로 부재하고 그런 현실을
인식하는 것이 중요하기 때문이다. 우리는 20대 대선을 넘어, 촛불
을 넘어, 1991년을 넘어 그리고 지난 백 년을 넘어 향후 백 년을 어
떤 논점과 이상에서 논의를 펼쳐야 할지 따져봐야 하는데 논의를
출발할 계기조차 찾기 쉽지 않아 보인다.

그 논의는 지난 한 세기 동아시아에서 근대 정치 이념, 자유주
의·보수주의·사회주의가 착근하는 과정을 재검토하는 데서 시작
하지 않을 수 없을 것이다. 자유주의를 포함해 어떤 정치 이념도 단
순히 '이식'될 수 없으며 결국 비서구적 '변용'을 거쳐 자리 잡게 되
는데, 가깝게는 일본과 중국에서 그런 변용이 어떻게 진행돼 현재
에 이르렀는지를 볼 필요가 있다. 더 나아가 20세기 초반의 세계적
혼란이 제2차 세계대전을 거쳐 어떤 독특한 제도적 방식으로 봉합
됐는지, 한국 사회는 이 구도의 어디쯤에 놓여 있었는지를 검토할
필요성이 커진다. '제도'의 역사에 무지한 정치적 대응의 위험성이

극단화하는 것을 막기 위해서라도.

되돌아오지 않을 탄핵 이후 5년의 구도
: '촛불 혁명'의 승리주의를 넘어

20대 대선을 지나면서 어쩔 수 없이 몇 가지 신화로부터 벗어나지 않을 수 없을 것이다. '촛불 혁명'과 '87 체제', '승리 사관' 등이 대표적이다. 사회운동이나 정당 정치의 현실을 보면 앞서 언급했듯이 어떤 점에서는 다시 2016년 탄핵 전 정치 상황으로 복귀하는 것 같은 현실이 진행될 것으로 보인다. 2016년 당시 보수 세력이 탄핵 대신 하야를 전제로 정치 재편을 고심하는 가운데 '거국중립 내각'과 개헌이 제기된 맥락이 재부상한다면 그때 사회운동을 어떻게 재건해야 하는가 등의 질문은 5년을 뛰어넘어 다시 중요해질 것이다.

그런 점에서 사회운동은 지난 5년간의 '성과'에 집착해서는 안 된다. 지난 5년, 아니 지난 10여 년간 진행된 사회운동은 사실상 거의 밑천까지 다 드러냈다고 보인다. 그렇게 된 배경에는 능력의 부재를 '진보'의 이념으로 채색하려고 하는 가짜 진보 세력의 형성, 또 그에 앞서 5년 이상 침체기 끝에 '관념주의적 돌파구'를 찾아냈던 경험이 있다고 할 수 있다. 기실 지난 5년간 사회운동의 성과는 민주당에 희망을 싣고 한배 타기에 몰두했던 '조합주의적 이해'(그

람시적 의미에서)의 결과였다. 그리고 이제 그런 재결합의 시간은 다시 오지 않을 것으로 보인다. 새 집권 세력의 취약함이 여러 위기를 노정하겠지만 그것이 2016년 때처럼 집권 세력 내부가 근본적으로 균열할 기회로 나타날 가능성은 높지 않을 것이다.

사회운동은 지난 5년뿐 아니라 길게는 지난 30년간 '87 체제'라는 신화에 의탁하는 방식에서 벗어날 것을 요구받고 있다. 활동 방식, 논의의 쟁점, 사상 이념 좌표의 재설정 모두에서 그렇다. '조합주의적 이해관계' 때문에 민주당과의 지속적 동맹을 핵심으로 삼을 정치 세력도 당연히 있겠지만 이런 이해관계로부터 벗어나 좀 더 '헤게모니적 전환'을 시도하지 않으면 안 된다는 반성도 커지고 그만큼 운동 방식의 혁신도 등장할 것이다. 촛불의 냉정한 분석과 논쟁을 가로막은 무비판적 대중 찬양론에 대해서도 비판적 시각을 재수립해야 하는데, 지식인은 다른 지식인들과 싸우지 대중과 싸우는 존재가 아니기에 더욱 그렇다.

그리고 국내 정치의 불안정성보다 국제 정세의 급격한 동요가 훨씬 거대한 압박이 될 것으로 보이므로 발본적 대응과 전면적 논의가 시급해질 것이다. 사회운동이 지닌 의지주의와 위선에서 벗어나지 않고는 대응하기 쉽지 않을 텐데, 그러려면 한국 현대사에서 '자유주의' 제도에 대한 질문부터 다시 제기해야 하고 그것을 전제로 '사회주의' 전망에 대한 토론이 필요하다. 그렇게 나아가지 않으면 빈자리는 포퓰리즘이 차지할 것이고, '대란대치'나 끝없는 '적폐 청산'의 반복만 예상되는 그 귀결점은 결코 진보적이지 않다.

현재 세계 질서의 동요를 볼 때 자유주의적 틀이 분명 '위선적' 이기는 하고 그 틀에 의해 보호받는 지역은 전 지구의 3분의 1에도 미달하는 것이 사실이지만, 그래도 이 틀을 와해하고 얄타와 유엔에 토대한 국제 질서 이전의 세계로 돌아가는 것이 답이 될 수는 없다는 점을 인식하는 것도 중요하다. 평등하고 자유로운 새 국제 질서를 어떻게 구상할지는 세계 전반으로나 동아시아에서나 중요해지고 있지만 그 답이 한 세기 전과 마찬가지로 '사회주의인가 야만인가'이지 '야만적 사회주의'는 아니기 때문이다.

(2022년 3월)

되돌아보는 1991년

: 87 정세의 자유주의적 포섭의 시도와 잊힌 퇴조의 출발점

그렇게 서울은 장마권에 들고

다시는,

다시는 종로에서 깃발 군중을 기다리지 마라

기자들을 기다리지 마라

비에 젖은 이 거리 위로 사람들이 그저 흘러간다

흐르는 것이 어디 사람뿐이냐

우리들의 한 시대도 거기 묻혀 흘러간다

＿정태춘·박은옥, '92년 장마, 종로에서'(1993)

서로 달리 기억되는, 그러나 잊힌 1991년

'도둑처럼' 찾아와 죽음과 폭력의 기억을 남기고 사라진 1991년

30년 한 시대가 흘러 거리에 묻힌 지금, 잊힌 1991년을 다시 꺼내본다. 1980년(광주민주화운동), 1970년(전태일 분신), 1960년(4·19혁명), 1950년(한국전쟁) 등 굵직한 사건들로 기억되는 0 자로 끝나는 연도와 비교해보면 1 자로 끝나는 연도에는 별로 기억될 일이 없는 듯 보인다. 1991년도 그렇다. 7로 끝나는 해들과 비교해봐도 그렇다. 1991년과 뗄 수 없는 관계에 있는 1987년을 생각해보자.

1987년에 태어나지 않았던 사람들도 1987년 7월~9월 노동자대투쟁은 몰라도 그해 6월 항쟁이 있었다는 것은 모르지 않는다. 그리고 '1987'은 곧장 '2017'로 이어져 '위대한 촛불 혁명'의 연속적 서사 속에 기록될 수도 있다(손호철, 2017). 더 길게 잡아 심지어 2017년을 100년 전인 1919년 3·1 운동에 이어 붙여 민중의 '영웅적 승리'의 서사로 기억하게 될지도 모르니(강경석 외, 2019) 2017년도 오래도록 기록과 기억에 남을 것이다. 기억되는 것은 승리의 봉우리들이고 그렇다 보니 사이사이 놓인 일들은 그저 자잘한 에피소드, 승리로 나아가기 위한 역경들, 부록에나 수록되거나 소수 역사 동호인들의 관심사 정도로 밀려날지도 모른다.

그렇지만 누군가에게 1991년은 잊힐 수 없는, 계속해 해석의 재소환을 요구하는 시기로 남아 있다. 어떤 사람들은 그해 5월 투쟁을 "도둑처럼 찾아"왔다가(김원, 2011: 243쪽) 그 격렬한 외양에도 불구하고 "서럽고 처절한 투쟁이 그만 종결되기를 원했기 때문"(김정한, 2020: 6쪽)에 조용히 종결됐지만 그럼에도 끊임없이 질문을 상기시키는 기억으로 남겨두고 있다. 1991년을 단지 한 해가 아니라 1987년을 전후해 시작된 어떤 사건과 구조, 질문들이 1990년대 방식으로 전환하는 중요한 결절점이라고 좀 더 넓게 이해해보면, 꼭 좁게 그해 한정돼 벌어진 일이 아니더라도 1989년이나 1990년 쯤 전개되기 시작한 쟁점, 또는 1992년부터 1994년 사이 조금 늦게 터진 쟁점, 그리고 그 후과로서 1996년까지 지속되고 1997년 출로를 찾지 못한 채 남겨진 쟁점들을 모두 1991년이라는 계기로 모아 살펴볼 수 있을 것이다.

이렇게 '1991년'의 시간대를 조금 넓게 잡으면 통치나 저항의 양측면에서 지금도 여전히 1991년을 기억하고 다시 불러내려고 하는 질문들이 적지 않음을 발견할 것이다. 다만 그 기억과 관심, 해석이 때로는 이질적이고 충돌하기도 해서 한 목소리로 1991년을 정리하는 것이 쉽지 않다는 것도 확인되지만 말이다.

1991년은 격동의 해였다. 특히 5월에 많은 일들이 집중적으로 터져 나왔다. 그해의 일들은 한 해 전인 1990년 1월 22일 이뤄진 민자당(민주자유당) 3당 통합(노태우 주도의 민정당, 김영삼 주도의 민주당, 김종필 주도의 공화당 3당이 합당해 민자당을 창당한 일)의 후과로서 전개된 것인데, 집권 세력 내의 분열과 경합, 이와 맞물린 야당의 복잡한 대응, 1987년 이후 영향력을 키워온 재야와 학생운동, 노동운동 등 사회운동 세력의 대응이 더해져 양상이 매우 복잡해졌다.

국회상공위원회 의원 외유 비리 사건과 수서 비리(한보)를 둘러싼 공방에서 시작해 공안 정국이 이어졌고, 4월 26일 명지대생 강경대가 경찰의 강경 진압으로 사망하자 그에 대항해 노태우 정권 퇴진을 요구하는 '1991년 5월 투쟁' 국면이 지속됐다. 그리고 그 '토끼몰이 진압' 과정에서 5월 25일 또다시 성균관대생 김귀정이 사망했다. 이 국면에서 4월 29일 전남대생 박승희부터 시작해 전민련(전국민족민주운동연합) 사회부장 김기설을 포함해 8명이 잇달아 분신하는 등 총 13명이 숨졌다. 공안 정국하에서 수많은 조직 사건들이 발표되고 많은 활동가가 검거됐고, 정권은 김지하의 '죽음의 굿판을 걷어치우라'는 구호에 호응해 분신한 김기설의 유서를 대필했다는 여론 몰이에 나선 끝에 전민련 총무부장 강기훈을 구속함으로써 반전을 시도했다.

공안 정국에 대해 책임을 지고 노재봉 총리가 물러난 뒤 후임으로 임명된 정원식 총리가 한국외대를 방문했다가 밀가루를 뒤집어쓰는 공격을 당하자, 정부는 이를 빌미 삼아 패륜과 분신 사주, 폭력을 비난하는 대대적 공세로 돌아선다. 결국 6월 29일 범국민대책회의가 명동성당 농성을 자진 해산했고 여름에 접어들면서 1991년의 저항은 종료됐다. 그리고 하반기 들어 9월 17일 남북한 동시 유엔 가입, 12월 9일 ILO 가입, 12월 13일 남북기본합의서 발표, 12월 31일 한반도 비핵화 선언 같은 굵직한 사건이 이어지며 긴 한 해가 끝났다.[10]

'종로'와 '시청 앞'으로 상징되는 저항의 공간에 쏟아져 나와 정부의 통제력을 마비시킨 정도, 전국적 참가 규모, 범국민대책회의를 중심으로 한 외형적 규모에서 보면 '1991년 5월'은 '1987년 6월'에 결코 뒤지지 않고 '2016~2017년 촛불'에도 밀리지 않는다. 그런데도 다른 두 시기에 대한 연구와 기록이 넘쳐나는 것과 비교해 보면 1991년은 '잊힌 에피소드' 정도로 남아 있을 뿐이다.

1991년을 상징하는 유서 대필 사건에서 대법원이 강기훈에 대해 무죄를 확정한 것은 겨우 7년 전인 2015년 5월 14일이었다. 1991년

---

10 1991년 상황은 한겨레신문의 보도에 따라 정리했다.

은 학생운동에 헌신했던 '4학(학부 4학년)' 또는 '3학'들에게는 끔찍한 "죽음과 폭력"의 기억으로 남았다(김원, 2011: 241~325쪽; 김정한, 1998; 김정한, 2020: 13~106쪽; 91년 5월 투쟁 청년모임, 2002). 한편 1980년대부터 현장에 투신한 변혁 지향적 '학출' 노동운동가들에게 1991년은 '신노선'을 내세운 급작스러운 정치적 입장 전환이었다. 그들은 오랫동안 몸담았던 노동운동 현장에서 영문도 모른 채 철수해야 했고 그래서 앞선 변혁 운동의 역사를 이어 쓰는 것이 불가능해진 단절의 시점이었다(유경순, 2015a; 유경순, 2015b).

또 다른 누군가에게 1991년은 한 해 앞서 힘든 노력 끝에 세워진 전노협에 대해 해소 논란이 시작되는 기점이자 불행한 민주노총으로 나아가는 출발점으로 기억된다(김창우, 2007; 김창우, 2020). 그뿐 아니다. 이른바 'PD 3파'(또는 4파)는 인민노련의 신노선을 중심으로 통합을 추진해 그해 6월 11일 조직을 통합했다(유경순, 2015a: 652쪽; 이진경 외, 1991). 이후 1992년 초 주대환 석방 '탄원서'라는 것을 남기는데 이는 누군가에게는 미래를 밝히는 신노선의 출발점이고(주대환, 2008: 171~176쪽) 또 누군가에게는 이해할 수 없는 대대적 전향의 출발점이었다(김정한, 2020: 84~91쪽).

이런 활동 구도의 변화는 이후 한동안 학생운동과 좌파 운동 진영에 심대한 영향을 끼쳤다(고원, 2013; 김원, 2011: 248~253쪽). 많은 이가 1991년은 1990년대 민중운동과 시민운동의 분리의 출발점이라고 지적하는데 "민주화 운동의 성격 변화와 주도 세력 전환

과정에서 중요한 계기"이기도 했다(전재호, 2004: 172쪽). 또 어떤 이에게 이 시점은 다르게 기억될 수 있는데, 평양축전이 기본 틀을 갖추고 1988년 7·7선언, 1989년 문익환 목사와 임수경 등의 방북, 노태우의 '한민족 공동체 통일방안' 등이 잇따른 가운데 1991년 들어서는 1월 연방제 통일 방안을 본격적으로 내세운 김일성 주석의 신년사, 범민련(조국통일범민족연합) 북측본부와 남측본부 준비위원회 수립, 범민족대회 개최, 유엔 교차 승인, 전국연합 결성, 남북기본합의서까지 귀결되는 그야말로 '통일 원년'이 될 수도 있다.

마지막으로 전혀 다른 맥락에서, 그렇지만 중요하게 1991년의 재평가를 요구하는 전혀 다른 목소리로 노태우 대통령의 두 핵심 보좌역의 기록을 추가해볼 수 있다. 그해를 3당 합당이 상징하는 내각제 합의에 대한 정치적 배신으로서 기록해두려고 하는 '6공 황태자'의 기억도 있고(박철언, 2005a; 박철언, 2005b; 박철언, 2013),[11] 재벌 구조조정 정책을 추동하고 사회간접자본에 대한 본격적인 투자를 계획해 앞선 시기의 경제 정책에서 전환을 꾀한 경제 보좌역

---

11 박철언은 1985년 7월부터 1991년 중반까지 6년 동안 42차례 남북 비밀 회담에서 수석대표 역할을 수행했고, 그중 5공화국 때 1985년 7월 11일부터 1988년 2월 24일까지 33차례 북한과 비밀 접촉을 했다(박철언, 2013: 121쪽). 그는 노태우의 지시에 따라 6·29 선언의 초안을 작성했고 노태우 선거 운동을 위해 6·29 선언 직후인 8월 20일 광화문 로얄빌딩에 사무실을 열어 '월계수회'를 조직해 활동했다(회원 수 30만 명). 5공화국에서 대통령 정무비서관과 법무비서관을 거쳐 안기부장 특별보좌관으로 있으면서 63명까지 확대된 특보팀을 운영한 그는 노태우가 당선된 뒤에는 대통령 정책보좌관을 맡아 이 특보팀을 청와대로 옮겨 왔고 이후 정무 장관, 체육청소년부 장관을 지냈다. 1988년에는 북방정책 추진을 위해 나창주를 소장으로 두고 상근연구원 18명을 두는 북방연구소를 63빌딩 52층에 개설해 운영하기도 했다(박철언, 2013: 31~60쪽).

의 기억도 있다(김종인, 2020).[12] 한 사람은 보혁 구도로 정계 재편과 북방정책을 주도하고 또 한 사람은 경제민주화를 이끌어 노태우 시기의 '자유주의적 전환'의 시도를 주도했으니 두 인물은 '좌철언 우종인'으로 평가될 수 있을지도 모른다.[13]

그리고 3년 후의 일이지만 앞선 운동 경력을 청산하고 민자당에 입당한 김문수와 이우재, 이재오 등에게도 이 시기의 기억은 다를 수밖에 없다(노하린, 2011: 184~188쪽).

1991년을 기억하지 않는 이유: 승리 사관

이 글을 쓰는 목적은 '1991년 5월'이 왜 실패했는지를 밝히는 것도, 그 상황을 만들어낸 인과관계를 분석하는 것도 아니다. 그보다는 오히려 1991년에 대한 상이한 기억들이 보여주듯이 1991년 정

---

12 노태우와 김종인의 관계를 전두환과 김재익의 관계와 비유하기도 하는데 김종인은 1985년 노태우가 민정당 대표로 있을 때 '경제 가정교사'를 맡는 것으로 밀접한 관계를 시작해 노태우 정부 경제 정책의 방향을 전두환 시기와 달라지게 한 가장 중요한 인물이다. 김종인은 단순한 참모를 넘는 수준이었고 재벌 구조조정으로 재벌과 갈등이 컸었고 김영삼에게 다음 정권을 넘기는 것에도 반대했다. 집권하고 견제 세력 때문에 보건사회부 장관을 거친 뒤 1990년 3월에야 청와대 경제수석으로 들어가 2년간 직무를 맡았다(이장규 외, 2011: 64~73쪽).

13 두 사람은 서로 닮은 점이 있으면서도 대조적이다. 박철언이 내각제의 정계 개편을 목표로 3당 합당에서 국민당과 자민련을 거쳐 DJP 연합까지 기존의 정치 구도를 바꾸기 위해 계속 개입했다면, 김종인은 3당 합당과 내각제는 허망한 것이라 보고 각 정치 세력들 사이에서 유세하면서 경제민주화를 핵심 강령으로 기입하려는 일을 지금까지도 반복하고 있다.

세가 어떻게 서로 다른 흐름들이 교차하는 방식으로 전개됐는지, 그 흐름들은 어떻게 서로 맞물려 시작됐는지, 거기서 각 세력들은 어떻게 자신들에게 유리한 방식으로 상황을 읽고 대처하고 자신들의 판단을 정당화했는지, 그리고 우리는 아직도 어떻게 이 구도를 벗어나지 못하고 있는지를 살펴보려는 것이다. 1991년에 대한 역사적 분석이 많이 축적돼 있지 않은 상황에서 이 글은 다른 방식의 역사 읽기로서 의미를 지닐 것이다.

먼저 연구자들과 정치 세력, 사회운동이 1991년을 중요하게 분석하거나 기록하려 하지 않는 이유를 살펴보자. 이는 1987년과 2016~2017년을 특화해 기록으로 남기려는 것의 이면에서 확인할 수 있다. 1987년을 2017년에 바로 연결 짓는 서사는 일종의 승리 사관을 견지하려는 의욕을 드러낸다. 정리해보면 1. 사회운동이라는 주체의 승리한 사건만 기록해 2. 승리를 가져온 원인에만 주로 관심을 맞추고 3. 승리를 기록하기 위해 우리 편과 적을 나눠 그 실체를 고정하는 경향이 있고 4. 주체 역량으로 모든 것을 달성했다는 자기 확신을 강화하고 5. 상대, 즉 통치 계급이나 구조에 대한 분석은 그다지 중시하지 않거나 상수로 간주하며 6. 자신들은 정세의 일부가 아니라 정세의 외부에 있다는 판단이 바탕에 깔려 있다는 특징을 보인다.

이런 편향은 2016~2017년 촛불 국면에 대한 사회운동 세력의 대응에서도 두드러졌고 그에 앞선 2008년 상황에서도 확인된다.

2017년 촛불에 대한 서술을 보면, 2010년대 초반부터 무너지기 시작한 사회운동의 취약한 역량이 촛불 국면에서 두드러지게 확인됐는데도 정세 분석에서 예외 없이 주관적 낙관주의를 드러낸다. 객관적 상황에 대해 분석하지 않고 완전한 공백으로 남겨두는 것이 이 시기 사회운동의 일반적 특징이었다. 2016~2017년에 많은 일이 통치 세력 내의 균열과 '궁정 쿠데타' 방식에 기대 전개되고 그래서 보수 언론이 중요 변수로 등장했는데도 그에 대해서는 별 관심이 없었다. 헌법재판소가 전직 대통령에 대한 탄핵을 승인하고 오랜 기간 총체적 무능력을 보인 민주당이 집권한 것을 승리로 기록해둠으로써 상황이 잘 종료된 듯 보이게 했다. 당시 야당은 그 전에도 오랫동안 무능했고 그 후 집권하고도 줄곧 무능했지만 전국의 촛불은 이를 덮고 역사를 되돌리는 착시 효과를 남겼다.

자세히 살펴보면 1991년의 정세도 비슷한 방식으로 전개됐음을 알 수 있다. 정세의 급변이 통치 계급 내부의 균열에서 시작돼 갈등이 확대되고, 정세 판단이 주관적·낙관적인 쪽으로 넘어가는 과정, 거기서 '집권 의지'를 지닌 정치 세력들이 정세에 올라타려고 하는 방식 모두 2016~2017년 촛불과 닮았다. 심지어 2016년 말 잠시 등장한 내각제 개헌 주장[14]조차 두 시기의 유사성을 보여준다.

1991년을 1987년에 빗대면서 마르크스의 '루이 보나파르트의

---

14 김대중 '개헌 논의가 왜 국론 분열인가'(조선일보 2016.10.12.); 강천석 '애국심이 필요하다'(조선일보 2016.11.12.)

브뤼메르 18일'에 나오는 유명한 말 '역사는 두 번 반복된다, 한 번은 비극으로 다른 한 번은 소극으로'를 적용한 경우도 있지만(김원, 2011: 263~264쪽; 김정한, 2020: 13쪽), 이 구절은 오히려 1991년과 2016~2017년의 관계에 더 적절해 보인다. 2016~2017년이 13명 사망이라는 죽음의 그림자를 끌고 비극으로 끝난 1991년과 달리 '균열을 뚫고 승리'한 듯 보이지만 모든 것을 '적폐'로 돌려 찾을 수 없는 해결책을 찾아내려고 하는 소극으로 결국 귀결된다는 점에서 그렇다. 역사가 두 번 반복된다는 마르크스의 말은 사실 모든 '반복되는' 지배의 역사에 적용되는 말로 해석돼야 할 것이다. 언제나 역사는 두 번째 상황에서 소극적 전환을 보일 수 있고 그 회귀를 뚫고 나갈 수 있느냐는 질문이 제기된다는 점에서.

이처럼 소극이 반복되는 이유는 정세와 상황의 전반적 구조, 특히 통치 계급의 통치성의 구조를 제대로 분석하기보다는 주체 역량의 평가만을 가늠해 모든 것을 판단하려는 사고 때문이지만, 다른 한편에선 정세를 분석할 때마다 두 세력의 대립을 기준으로 바라보고 거기서 (고정된) 상대(적)에 대비한 자기 역량의 증감을 중심으로 모든 것을 성공과 실패라는 서사로 서술해온 한계 때문이기도 하다. 상대에 대한 관심을 분석에 포함하더라도 항상 분석은 두 세력 간의 힘겨루기라는 틀에서 벗어나지 못했고, 싸움이 벌어지는 무대가 어떻게 바뀌는지, 앞선 싸움의 결과에 따라 통치 계급이 어떤 제도적 변화를 추동하고 그것이 이미 무대를 어떻게 바꿔

놓았는지를 관심 속에서 분석하지 않았다.

그래서 이 글에선 지난 정세를 조금 다른 시각에서, 즉 '자유주의
적 제도 실천의 전환'의 시도로 분석해보려 한다. 이는 자본주의의
역사를 '역사적 제도들'의 지속적 유지와 개편, 진화를 통해 설명하
려는 입장이고(백승욱, 2019a) 푸코의 용어로 말하면 자유주의 '통
치성'에 대한 질문인데(푸코, 2012), 마르크스와 푸코 사이에 근대
세계체계로서 자본주의 세계 경제의 '지구 문화'는 자유주의라는
월러스틴의 테제와 연결해도 될 것이다(월러스틴, 2005: 141~176쪽).
이런 점에서 1991년은 1987년 위기 정세에 표출된, 한국 자본주의
위기 돌파라는 과제가 통치 계급의 자유주의적 전환 시도에 어떻게
수용되는지 보여주는 계기로 주목할 수 있을 것이다.

1991년 전환의 함의

1991년은 '87 체제'가 개념으로 성립될 수 있는지를 따질 때 중요한 검토점이 된다. '87 체제'라는 규정은 문제점이 많다고 지적되지만 앞선 5공화국까지의 시기와 그 뒤의 단절을 논쟁에 올리고 있다는 점은 중요하다. 스스로 5공화국과 구분해 6공화국임을 자처한 노태우 정부는 87 체제에 속하는가, 87 체제는 1987년에 수립돼 완성된 것인가, 아니면 1987년 정세에서 제기된 질문이 제도적으로 전환되는 계기가 그 후 몇 년간 미뤄지거나 지속됐나. 1991년에 오면 1987년에 제기된 질문들이 제도적 전환의 형태를 띠며 구체화하기 때문에 오히려 쟁점은 좀 더 분명히 확인된다.

왜 1991년에 즈음해 이뤄진 제도적 전환의 함의에 관심을 가질 필요가 있느냐면 1979년 한국 외채 위기가 드러낸 축적 구조와 지배 체제 위기의 전환과 맥이 닿아 있기 때문이다. 1979년 박정희 시해로 귀결된 정치와 경제 위기는 '경제안정화 종합대책'에서 확인되는 외채 위기에서 촉발됐고, 이 위기는 그에 앞서 추진된 재벌 중심의 중화학공업화 문제와 연관돼 있었다.

박정희 통치 시기를 도식적으로 구분해보면 1965년 이전은 원조에 의존하면서 민주당 장면 정권의 경제개발 방식의 연장선에 있던 시기, 1965년 이후는 베트남 파병을 계기로 청구권 자금과 외자에 의존하면서 로스토 가이드라인에 따른 수출 주도 공업화와 점차적 개방으로 전환한 시기,[15] 유신 시절은 '자주 국방'을 목표로 삼는 준전시 체제에서 추진된 중화학공업화의 시기라고 할 수 있다 (김형아, 2005; 박근호, 2017).

김재익·사공일 사단의 전면 포진으로 상징되는 전두환 시기의 '신자유주의적 전환'은 유신 때의 전시 체제를 그에 앞선 1960년대 말의 점진적 개방의 자유주의적 경제 체제로 복원하려는 시도의 일환으로 해석할 수 있다. 청와대 비서실장 김정렬과 오원철의 상공부를 중심으로 편성된 준전시적 유신 경제 구조(김형아, 2005)를 바꾸기 위해 청와대 경제수석과 경제기획원이 경제정책의 주도권을 가져오는 것이 출발점이었고, 이 전환은 상당 기간에 걸쳐 지속됐다. 즉 김재익, 강경식, 강만수 등으로 이어지는 모피아Mofia 계보

---

15 이와 관련해 1960년대 사회 발전 정책에 대해서는 백승욱·이지원(2015)을 참조

는 신자유주의 정책 구상이 착근하는 데 계속해서 매우 중요한 역할을 맡았다(지주형, 2011). 1985년부터 3저 호황이 지속되면서 전환이 지연되는데 이는 부분적 수선으로 호황을 이어갈 수 있다는 기대가 있었기 때문이다.

그렇지만 박정희로부터 5공화국까지 이어진 억압적 권위주의가 부담해야 하는 정치 비용은 증가해 결국 1987년 정치 위기를 낳았다. 6·29는 이렇게 폭발한 문제들을 잠정적으로 유보한 임시 협약이었을 따름이다. 여기서 한국 사회의 '통치집단/통치블록'은 통치 위기를 극복하기 위해 제도 질서를 어떻게 개편하려 했는가라는 질문이 제기된다.

노태우 정부가 출범한 뒤 지연된 과제는 1988년 총선을 거치며 여소야대의 4당 체제(민정당, 평민당, 민주당, 공화당의 분립)가 탄생하면서 더 미룰 수 없는 쟁점으로 부상한다. 한국 자본주의 경제구조를 세계에 동조화해 자유주의적으로 제도 전환하는 것을 대전제로 삼으면서 이를 위한 네 가지 '자유주의적 전환'에서 중요한 정치적 목표가 등장한다.

첫째, 동구권 해체와 경제적 보호주의 강화처럼 국제 정세가 급변할 가능성이 높아진 상황에서 북한과의 대결로 생기는 비용을 줄이고 예측 가능한 관계를 맺어 변화하는 동북아 질서에 선제적으로 대처할 필요성이 커졌고 이것이 북방외교 추진으로 나타났다. 북방외교는 단지 외교에 그치지 않고 포괄적인 경제적 함의 또한 지닌 것이었다.

둘째, 유신 시절의 중화학공업화와 뗄 수 없는 관계에 있던 재벌 체제를 구조 조정해 세계 시장에 개방된 좀 더 경쟁력 있는 경제 세력을 형성하는 과제였다. 1970년대 형성된 재벌 체제는 1980년대 들어 인수 합병을 거듭하고 시장 독점력을 키우며 위기를 지연시키고 있었다. 경제개발 5개년 계획 방식이 아니라 새로운 경제정책 방향을 고민할 시기가 됐다.

셋째, 1987년에 확인했듯이 아래로부터의 저항과 불만이 폭발적으로 이어지는 것을 막고 사회적 불안을 제도적 관리의 틀 안으로 끌어들이는 것으로, 여기에는 '정치사회' 외부에 놓인 사회 세력을 정당정치의 틀 안에 편입하는 것과 이후 '노사관계 선진화'라는 이름으로 반복적으로 나타났지만 노동자들의 비제도적 요구들을 제도적 틀 안에 끌어들이는 것 등의 전환이 중요했다.

넷째, 안정적 통치 구도를 통해 이런 과제를 추진하려면 4당 체제의 불안정성을 제거하고 지속적인 정치 체제를 수립하는 것이 시급했고, 이는 내각제 개헌이라는 목표와 재야라고 표현된 다양한 세력을 제도 정치에 포함시키는 쪽으로 정치판을 재편하는 것으로 나타났다.

PD 통합과 분화, 전노협 해소까지

1991년에 대한 질문을 '5월 투쟁'에만 집중하기보다 그 전부터 시작해 그 후 이어지는 과정에서 전개되는 단절이나 전환에서 시작해보자. 전노협 해소 과정의 문제를 제기한 바 있는 김창우는 민주노총 성립과 더불어 전개됐던 1996년 노동법 개정 투쟁을 분석하면서 실용주의적, 상층 중심적, 대기업 이기주의적 민주노총의 관행이 전노협 해소에서 민주노총 설립에 이르는 시기에 착근된 문제임을 지적했다(김창우, 2020; 백승욱, 2020a). 1987년 대투쟁에서 전노협을 거쳐 민주노총으로 이어지는 과정을 자연스러운 발전과 진보, 성취의 서사로 쓰는 대신 김창우는 민주노총 설립이 전노협 정신을 저버린 실용주의적·관료적 조직으로 퇴락한 것일 수 있음을 강조했다(김창우, 2007; 김창우, 2020; 백승욱, 2008).

김창우는 민주노총이 '노동 해방' 이념을 포기한 데서 문제가 출발한다고 보고 전노협과 민주노총 간의 조직 구도 차이로 두 가지를 지적하는데, 하나는 노동운동 단체들이 민주노총 설립 과정에서 완전히 배제됨으로써 민주노총 내부에서 노선 논쟁을 제도화하기보다 오히려 외부에서 정파 개입을 상시화하는 폐해를 낳았다는 점이고(김창우, 2007), 다른 하나는 지노협(지역노조협의회) 체제를 해소하고 이를 지역본부 체제로 대체함으로써 노동운동이 사회운동과 유기적으로 연대할 조건을 상실하고 관료적 조직으로 퇴락했다는 점이다(김창우, 2020).

전노협 해소 논쟁이 본격화하는 때는 1993년이지만 전노협을 둘러싼 논쟁은 ILO공대위(ILO기본조약비준및노동법개정을위한전국노동자공동대책위원회) 구성, 연대회의(연대를위한대기업노동조합회의)와의 관계 등에서 1990년 설립부터 있어왔다. 이 글의 관심 시점인 1991년에 초점을 맞춰보면 박창수 열사 의문사 또한 5월 정국의 핵심 쟁점이 됐는데, 노동운동에 대한 공안 당국의 대응은 전노협에 적극 결합하려던 연대회의를 전노협에서 분리하려는 압박에 초점을 맞추었다고 할 수 있다(전재호, 2004: 154쪽). 이 탄압을 배경으로 역설적으로 그해 12월 9일 한국의 ILO 가입이 이뤄진다.

전노협 해소와 민주노총 조직 건설로 가는 과정에 대한 평가에서 노동운동 내의 비판적 흐름에는 크게 두 부류가 있다고 보이는데, 전국노운협(전국노동운동단체협의회)을 통해 전노협에 힘을 실으려고 했던 김승호 중심의 경수노련(경수지역노동자연합. 이후 사이버 노동대학으로 발전)과 박성인 등이 참여한 제파PD(다산·보임 조직에서 출발해 이후 한노정연[한국노동이론정책연구소]과 노동자의힘을 거쳐 일부가 변혁당으로 이어진 흐름)가 있었다(유경순, 2015a). 이에 비해 인민노련(인천지역민주노동자연맹)과 여러 PD 그룹, 석탑노동상담소, 기타 NL 그룹 등은 이에 대해 비판적 입장을 일관되게 내지 않는 것으로 보이는데 이런 입장 차는 1991년의 전환과 관련 있는 것으로 해석된다. 1994~1998년 시기의 민주노총에 대한 비판은 1991~1992년 형성된 투 트랙 전략에 대한 비판적 검토로 소급해 논의할 필요가 있다.

1990년에 세계적인 '신사고'에 토대한 정치권의 대통합이 3당 통합의 민자당 수립으로 나타났다면, 그와 맞물려 1991년 그보다 작은 규모이지만 결코 파장이 작지 않았던 운동권 내의 통합 시도는 'PD 3파 통합'이라는 형태로 나타났다. 즉 인민노련과 '노동계급', 삼민동맹(민족통일민주주의노동자동맹)의 조직이 통합했다(여기에 '안양일동그룹'을 추가할 수 있다).[16] 통합 세력은 그해 7월 한국사회주의노동당(한사노) 창당준비위원회를 구성했다가 연말에 노정추(노동자정당건설추진위원회)로, 이듬해인 1992년 한국노동당과 진정추(진보정당추진위원회), 그리고 1997년 '국민승리 21'로 전환을 이어가면서 합법적 진보 정당의 계보를 형성했다.

3파 통합은 여파가 컸다. 첫째, 그에 앞서 20여 년간 추진돼온 '학생운동 출신'의 노동운동 진출과 현장 강화의 시도가 이때 중단되고 노동 현장에서 대대적인 철수가 진행됐다. 둘째, 3파 통합의 배경에는 인민노련 주대환의 '신노선'이 있었는데 통합이 그것을 수용하는 이론적 통합이었는지, 통합에 따라 그때까지의 사회구성체 논쟁의 모든 입장이 정리되는지 모호했고, 이는 이 시점(1991년)에 나온 소련 해체와도 맞물려 운동계에 큰 혼란을 낳았다. 셋째, 여기서 진보 정당 운동이 출발해 민주노총과 진보 정당의 투 트랙

---

16 세 조직에 대한 설명으로는 유경순(2015a)의 525~581쪽을 보고 조직 강령과 노선에 대해서는 이진경 외(1991)를 보라.

으로 편성되고 민중운동과 시민운동이 분리되는 경향이 시작된다.

그런데 이처럼 3당 통합에 이어 3파 통합이 있었다고 할 때 전자의 통합은 후자의 구도에 영향을 끼치지 않았을까? 이와 관련해 참조점 두 곳을 논의해볼 필요가 있다. 우선 앞서 3당 통합의 구도를 노태우 측에서 주도적으로 추진한 박철언의 입장인데, 박철언은 내각제로의 개편에 담긴 핵심 함의 중 하나로 한국 정치를 '보혁 구도'로 만들 필요가 있다는 관점을 제기한다. 4당을 하나로 통합해 내각제의 주축으로 만들고 군소 정당으로서 혁신 정당을 용인해, '급진 세력'을 배제한 온건 대통합을 시도해야 한다는 생각이 3당 통합으로 정치 구도가 재편되는 중에 표면적으로는 지속된 바 있다(박철언, 2005a). 1991년 11월 18일 노태우 대통령이 민중당의 이우재 대표, 이재오 사무총장, 장기표 정책위원장을 청와대로 초청해 대화를 나누고 정국을 위해 협조해달라고 요청한 것도 이런 정계 재편 구도와 무관하지 않았다.

또 하나의 참조점은 3파 통합에 참여했던 핵심 수배자 18명이 연명으로 1992년 검찰에 제출한 주대환 등 구속자에 대한 탄원서다. 이 탄원서는 주대환의 '프롤레타리아 독재 노선, 폭력혁명 노선, 전위 정당 노선 포기' 선언을 이어받아 수배 중인 PD 3파의 대표이자 한국노동당 중앙위원인 18인의 의사를 담아 제출한 것으로 훗날 '전향서'라는 비판을 많이 받았던 문건이다(김정한, 2020: 86~89쪽). 정계 개편과 혁신 정당 구도의 등장이 어떻게 맞물리는

지는 탄원서 작성 과정을 설명하는 주대환의 말에서 확인된다.

그러나 대한민국 공안 당국은 이러한 행동(전위 정당 노선을 포기하고 합법적 혁신 정당을 만들려는 것: 인용자)을 진짜 빨갱이들만이 할 수 있는 위장 전술로 받아들였습니다. 그리고 저와 민영창, 이용선, 전성을 잡아갔습니다. 저는 며칠 동안 조사를 받으면서 그들의 의심을 풀어주어야 할 필요를 느끼고 '나의 정치 소신'이라는 메모를 제출했습니다. 저는 그 메모에서 '**프롤레타리아 독재 노선, 폭력 혁명 노선, 전위 정당 노선을 폐기한다**'고 선언했습니다.(강조는 인용자) 신노선에서 한 걸음 더 나아간 것이며 신노선의 정치철학적 배경을 밝힌 것입니다. (…) 이로써 1992년 봄, 우리는 공산주의자가 아니었습니다. 그러나 검찰은 제 메모에 만족하지 않고 수배자들의 사상과 입장도 알아야겠다고 했습니다. 그래야 판단을 할 수 있다는 것입니다. 당시에 경찰은 이미 해산한 한국사회주의노동당 중앙위원 18명을 수배해놓고 있었습니다. 그래서 같은 내용을 담아 18명이 **이미 구속된 사람들의 선처를 호소하는 탄원서를 제출하면 18명의 수배자들을 잡아들이지 않겠다**고 제안을 했습니다. 저는 그 제안을 받아들이고 '갈 길을 가보자'고 밖의 동지들에게 종용했습니다. 그러나 '탄원서'라는 형식은 당시 우리가 그 권위와 정당성을 인정할 수 없었을 뿐 아니라 군부독재의 하수인에 불과하다고 보았던 검찰과 경찰 등 공안 당국에 대한 굴욕이기도 했습니다. 그래서 내용에 대한 찬반과 형식에 대한 찬

반이 얽혀 조직 내의 논의는 복잡했던 것 같습니다."(주대환, 2008: 171~172쪽)[17]

이 탄원서는 노동운동권에 그야말로 위로부터 떨어진 '폭탄' 같은 것이었고 이후 많은 혼란을 낳았다. 두 가지 문제가 착종돼 드러났는데 첫째, 이론적 입장의 전환이 3파 내에서 충분히 논의됐다고 보기 어렵고 각 조직별로도 내부에서 그리고 외곽의 관련 조직들과 충분히 논의된 것은 아니었다. 둘째, 노동운동 조직을 철수하고 정당 조직으로 전환한다는 입장 또한 대부분 경우 문건을 바탕으로 토론된 것이 아니라 위로부터 통보된 것이었다.[18]

PD 3파 통합은 서울구치소에 수감돼 있던 삼민동맹의 김진국이 같이 수감 중이던 '노동계급'의 박태호(이진경), 인민노련 노회찬, 안양PD그룹(안양일동그룹) 김학원 등과 논의해 이론적, 조직적 입장을 통일하기로 뜻을 모으며 시작됐다(유경순, 2015b: 100쪽).

---

17 탄원서 전문은 다음 인터넷 사이트에서 확인할 수 있다. http://lmagit.jinbo.net/bbs/zboard.php?id=newspaper&page=24&sn1=&divpage=1&sn=off&ss=on&sc=on&sl1=off&select_arrange=hit&desc=desc&no=1154(2021년 3월 검색).

18 2011년 필자는 자기들끼리 모여 공부하는 진보신당 기층 당원 모임에 나가 교육을 맡은 적이 있었는데, 여기 참여했던 전직 활동가들 대부분은 1991년에 요즘 식으로 말하면 '문자로 조직 해산을 통보'받았고 어떤 문건도 함께 논의한 적이 없었으며 이후 삶을 각자 결단에 의해 책임져야 했고 그 이유를 찾기 위해 계속 학습 중이라고 토로했다. 이들은 10년이 지난 2001년 모여 1991년의 일방적 해산 통보와 그 전까지의 활동을 공동 기록으로 남겨두려고 시도한 바 있으나 오래 지속되지는 못했다고 했다. 노회찬도 이런 혼란을 인정한 바 있다(유경순, 2015b: 129~130쪽).

그 성과로 발간된 책이 〈선진노동자의 이름으로〉였고(이진경 외, 1991), 이런 의사가 감옥 외부로 전달돼 각 조직 간에 논의가 진행된 끝에 1991년 6월 11일 3개 정파 11개 지역 대표가 참석해 3파 통합을 진행했다(유경순, 2015a: 652쪽). 통합된 3파(혹은 4파)는 이후 제파PD까지 포함시켜 통합 범위를 확장하려고 했고 통합을 위한 문건을 회람해 논의를 진행했다(유경순, 2015b: 153쪽). 그러던 중 제파PD 통합 논의에 참여했던 고민택이 제파PD 조직 사건으로 구속돼 갖고 있던 회람용 문건 일체를 압수당하면서 통합 논의의 구도가 공안 당국에 그대로 알려지게 됐다(유경순, 2015b: 528쪽). 1991년 말 주대환 등의 검거는 이 문건 압수와 무관하지 않은 것으로 보인다.

그런데 구속된 주대환은 앞의 인용에서 볼 수 있듯이 자신의 '소신'을 제출했고, 수배자 18명이 일종의 '전향서'를 발표하면 수배를 풀어주겠다는 공안 당국의 제안을 받아들여 이를 외부에 전달했다. 한국사회주의노동당 중앙위원 18명 수배자 중 구인회가 수배자 대표로 나머지 사람들의 의견을 확인한 문서에 지장을 찍어 검찰에 제출한 뒤, 수배자들은 이후 공식 활동에 복귀하고 주대환 또한 집행유예로 풀려날 수 있었다(주대환, 2008: 172~173쪽; 유경순, 2015a: 657~658쪽).

이런 탄원서 '정치'가 작동하는 구도는 안기부를 통해 조율됐다고 봐야 할 텐데 이런 구도는 박철언이 안기부 실세이던 시절부터 만들어진 것이라고 짐작된다. 박철언은 청와대로 옮긴 뒤에도 안기부에 상당한 영향력을 끼치고 있었던 것으로 보인다. 1991년부터 이삼 년간 안기부가 현장에서 철수한 전직 활동가들과 노동운동 및 학생운동 활동가들을 대상으로 동유럽과 중국, 일본 등에 나가는 견학단을 대대적으로 조직해 운영하고, 소련 및 중국과 수교한 뒤에는 두 나라에 전직 운동권 출신 유학생들을 대대적으로 송출하고 현지에 이들의 동향을 관리하는 안기부 직원을 상주시켰다는 점에서도 안기부의 북방정책과 국내 정책은 박철언 계보를 통해 연계돼 있었다고 할 수 있다.

3파 통합이 탄원서로 귀결되는 과정은 다양한 PD 세력 내에 큰 균열을 일으켰는데, 이론가와 정치 조직, 노동운동 및 학생운동 조직의 관계에서 각기 상이한 판단과 활동 방향의 분기를 낳았다. 지배 블록의 내각제 개헌 구도는 혁신 정당에 대한 당근과 채찍 방침으로 연계됐다. 한국사회주의노동당과 한국노동당의 결성이 여의치 않자 통합한 PD 3파는 1992년 민중당에 결합한 뒤 진정추로 활동을 전환했다.

그런데 그에 앞서 1991년 11월 18일 노태우 대통령은 민중당 대표단을 청와대에서 면담하고 일정한 협력 구상을 보여주는데, 민중당은 그보다 먼저 7월 15일 당내 좌파 블록에 제명 조치를 취해 제도권 합법 정당으로 인정받기 위한 사전 행보를 걸은 바 있다. 1992년 총선과 대통령 선거에서 민중당이 실패하고 당이 해체되자

전해 청와대에 초청받은 인물들과 김문수 등은 1993년 김영삼이 적극적으로 재야인사를 영입할 때 민자당에 입당하고 남은 세력은 1997년 '국민승리 21'에 합류한다.

1991년 정파 통합과 합법 정당 운동으로의 전환은 노동운동에 직접적 영향을 미쳤다. 그 함의는 1993년부터 본격 시작되는 민주노총 건립 논쟁, 다시 말해 전노협 해소 논쟁에서 두드러지는데, 그해 전노협 35차 중앙위원회에서 ILO공대위를 이은 전노대(전국노동조합대표자회의)를 상급 조직으로 인정하고 이를 중심으로 민주노총으로 전환하기로 결정한 것이 중요한 전환점이 된다(김창우, 2007: 117~127쪽). 1991년 PD 3파 통합은 전노협의 노선에 영향을 끼치지 않을 수 없었는데 이들 조직의 적지 않은 활동가들이 전노협 내에서 중요하게 활동하고 있었기 때문이다.

그에 앞선 시기에 '민주노조 운동'이 지녔던 몇 가지 중요한 특징들은 1991년을 계기로 소실되고 이런 변화는 1993년 이후 전노협 해소 과정에서 더욱 두드러졌다. 첫째, '학출'이 대거 이탈하면서 노조-정당의 양 날개론이 등장한다. 이후 위로부터의 민주노총 형성 과정이 중요해지면서 아래로부터 노동조합 결성을 통해 노동자들 스스로 노동운동 주체로 형성되는 특성은 약화되고 노조의 관료화가 심화하기 시작했다. 둘째, 지노협으로 대표되는 지역 기반 노동운동의 전통(마창노련, 울노협 등)이 붕괴하고 민주노총 지역본부로 대체되면서 지역 차원에서 연대 정신도 사라졌다. 셋째, 전노협에 포함돼 있던 노동운동 단체들(대표적으로 전국노운협)이 노동조합에서 배제됐는데, 한편에서 정당을 통해 정파적 상황을 노동운동에 관철하려는 입장과 다른 한편에서 기층 노동조합 내에서 정파적 영향력을 유지하려고 하는 입장 간의 대립은 민주노총 운동이 정파적으로 분열되는 씨앗이 됐다(김창우, 2007; 김창우, 2020; 김영수 외, 2013; 백승욱, 2008: 321~322쪽). 하나 더 추가하면 넷째, 이런 민주노조 운동의 위기와 양날개론은 민중예술운동(특히 노문연, 전노문협, 서노문협처럼 노동운동과 결합하려고 한)의 위기로 이어졌고(박인배, 1993: 283~284쪽; 이재성, 2010: 30~33쪽) 이는 다시 첫 번째 문제, 즉 노동자의 탈주체화와 노동운동의 관료제화를 촉진시켰다. 그 문제들은 결국 1996~1997년 노동법 개정 투쟁에서 민주노총이 "합법화된 민주노총을 토대로 합법 정당을 건설하고 이를 통해 제도 정치권으로 진출하는 것"으로 귀결돼 미끄러져 갔다(김창우, 2020: 379쪽).[19]

노동운동 기반을 청산하고 정당운동으로 전환하는 변신은 인민노련 중심의 PD 정파들만의 일이 아니었다. 다른 흐름에서 대기업 노동운동에 영향력을 보유하고 있던 장명국 주도의 석탑노동

---

19 이와 관련해 김원은 이런 평가를 남긴다. "민주노총의 중심 세력은 전국노운협이나 전국노련 등 정치적 노동운동을 부정적인 흐름으로 지목하고, 이와 분리된 노동 현장을 절대시하는 편향을 드러냈다. 이후 민주노조 운동은 전노대 결성을 전후로, 정치적 노동운동이 배제되고 산별노조/정치시장 내 진보 정당이 분리되는 방향으로 재편되기에 이른다. (…) 결정적인 분기점은 1997년 총파업"이었다(김원, 2018: 67쪽).

연구원 그룹 또한 같은 시기에 노동운동의 기반을 청산한다. 장명국은 권용목 등 현대그룹 노조 운동에 영향력을 끼치고 있었는데 1991~1992년 시기 노동운동 기반을 청산하고 언론운동(내일신문)으로 전환해 김대중의 야당을 지지하는 행보를 걷는다. 이때도 방향 전환은 활동가들에게 일방적으로 통보됐다.[20]

PD 3파 통합은 각 정파별 취약점 및 현장 기반과 이론, 정치 전망의 취약함 등을 상호 보완하기 위한 목적을 지녔지만(Baek, 2017: 184~186쪽) 결과는 그 반대로 귀결됐다. 1991~1992년의 전환 뒤 오히려 정당 지향 세력, 노동운동 현장 기반 세력, 이론적 지향 세력, 시민운동 결합 세력으로 나뉘어 각기 분절적 영역 속에서 대립하며 3당 합당으로 출현한 갈등적 정치 지형에 각자 방식으로 개입해 들어갔다.

1991~1992년 투 트랙의 전망이 보혁 구도로 안착하지 못한 것은 3당 통합이 애초 구도와 달리 변형된 것과도 관련 있지만 여기에 작용한 통일운동 세력의 영향도 무시할 수 없다. 1991년 또 하나의 중요한 계기는 북한과의 관계에서 통일운동의 흐름에 변화가 생긴 것이었다. 이미 1980년대 중반부터 주체사상의 영향을 받아온 통일운동 세력은 사회구성체 논쟁과 조직 활동 범위의 확대 등

---

20 2013년 석탑노동연구원 전직 활동가와의 인터뷰

에 다양한 영향을 미치고 있었다. 그렇지만 1980년대 말까지 통일 운동 세력은 주로 산개론에 입각해 다양한 사회운동 영역에 포진해 영향력을 발휘했지 결집된 정치 세력을 형성하지는 않았다. 이렇게 산개된 역량을 바탕으로 앞선 시기인 1987년 대선에서도 '비판적 지지'에 세력을 모으고 이어 전민련 내에서 세력 확장을 도모했다.

1988년 서경원 의원의 방북, 1989년 문익환 목사의 방북과 임수경의 평양 세계청년학생축전 참가가 이어지면서 통일운동 세력의 활동 범위는 좀 더 확장되고 결집도도 높아졌다. 1991년에는 몇 가지 중요한 전환점이 발견된다. 출발점은 연방제 통일을 강조한 북한 김일성 주석의 신년사였다. '고려연방제 통일 방안'을 중심에 두고 이를 추진하기 위해 남북한 정부와 각계 정당·단체 대표들이 참여하는 '민족통일 정치협상회의'를 제안한 것이다. 또 한국 정부의 대화 창구 단일화 방침을 비난하면서 "남북 정치인들 간의 접촉을 확대, 신뢰를 구축하는 것"을 강조하고 형식에 관계없이 한국의 여당과 야당, 재야인사들에게도 대화의 문을 열어놓을 것이라고 밝히며 불가침 선언을 촉구했다(한겨레 1991.1.3.).

이 신년사를 받아 민간 차원에서 범민련 남측본부 결성이 시도되면서 통일운동의 중심축이 형성됐다. 1991년 한 해 동안 통일운동 세력은 거리의 저항에도 다양한 방식으로 참여하고 8월 범민족대회 개최, 각 지역 미국 문화원 타격 같은 다양한 활동을 주도했다. 1991년은 오랜 남북 밀사 교환 끝에 이뤄낸 남북기본합의서 조인(12월 13일)과 한반도 비핵화 선언(12월 31일)으로 종결됐는데[21] 여기까지 도달하는 과정에서 통일운동 세력은 독자적 세력 규합의 방향으로 전환을 이뤄냈다. 범민련 남측본부 결성이 시도되고 전민련을 대체하는 전국연합(민주주의민족통일전국연합)이 결성된 것이 그 귀결이라고 할 수 있다.

그런데 여기서도 주목할 것은 전두환 정권에서부터 시작된 북방정책 추진 과정에서 북한은 투 트랙 전략을 펴갔는데 이는 남한 정부의 태도와도 유사했다는 점이다. 한편에선 다분히 '두 개의 한국'을 염두에 둔 준외교 절차의 수립 과정이 있어 박철언과 허담(혹은 한시해)이 남북한 밀사로 오고 가며 비밀 교섭을 진행했고 그 연장선에서 남북한 고위급 회담을 지속해 남북기본합의서라는 성과에 이르렀다(박철언, 2005a; 노태우, 2011b: 356쪽). 다른 한편으론 '통일' 측면에서 남한 사회 자체 내에 북한에 우호적인 정치 세력을 형성하는 데 노력을 기울였다. 이보다 앞선 시기에 이런 투 트랙을 잘 보여준 상징적 사건이 1989년 전대협(전국대학생대표자협의회) 대표로 파견된 임수경의 방북이었다. 1989년 7월 1일 평양축전이 열린 능라도 경기장에 임수경 대표가 입장할 때 당시 노태우 정부의

---

[21] 노태우가 한반도 비핵화 선언을 주도적으로 한 것은 아니고 오히려 비밀리에 핵 개발을 추진하고 있었는데 조지 H. W. 부시 대통령의 전술핵 철수가 일방적으로 통보되면서 어쩔 수 없이 비핵화 선언으로 나아가게 됐다고 김종인은 증언한다(김종인, 2020: 297~298쪽).

대북 밀사로 북한을 방문해 협의 중이던 박철언 또한 이 행사에 초청돼 조총련계 간부로 위장한 채 주석단 옆에 앉아 그가 경기장을 한 바퀴 도는 모습을 지켜보고 있었다(박철언, 2013: 134쪽).

노태우 정부의 태도는 창구 단일화라는 단일 트랙이 원칙이었으나 현실은 북한과 유사한 투 트랙으로 존재했음을 알 수 있다. 노태우 정부의 대북 정책은 동북아시아에서 국가 간 체계 질서의 전환에 대응하는 북방정책의 일환으로 구상돼 교차 승인과 상호주의를 원칙으로 하는데, 3당 통합의 과정이 노태우과 박철언, 박준병의 범위에 한정돼 철저히 비밀스럽게 추진된 것과 마찬가지로 노태우와 박철언, 청와대 외교안보수석인 김종휘의 범위에 한정돼 진행됐다. 이 때문에 '엘리트 민족주의'라는 평가가 제기되기도 한다(이근, 2012: 181~190쪽).

이 시기에 정부를 제외한 영역에서 북방정책이나 통일 문제에 개입하거나 논의할 여지는 없었으며 이는 창구 단일화 논리에 의해 지탱됐다(이정철, 2012: 249~255쪽). 즉 통일운동에 대한 민간의 대응은 공안 세력의 대응에 내맡겨져 있었고 이를 통해 정부의 대북 정책 독점이 가능했다고 할 수 있다. 그런데도 '외교'와 분리된 통일운동의 민간 공간은 점차 확대됐다.

3당 합당에 균열이 생기고 북방정책을 주도하던 박철언이 정권에서 이탈한 뒤 김영삼 정부 들어 대북 정책은 상당 기간 표류하는데(박태균, 2014: 33쪽) 이는 그동안 박철언과 김종휘의 좁은 범위에 한정돼 비밀리에 추진된 결과이기도 했다(이정철, 2012: 244~248쪽). 여기서 확인되는 갈등과 대립 구도는 1990~1991년 공안 정국 당시의 내부 권력 갈등과 유사한 구도로 전개됐었다. 김영삼 정부 들어 대북 정책이 앞선 시기처럼 북방정책의 일부로서 구상되거나 추진되지 않고 점차 북방정책에서 분리된 자립적 영역으로 바뀌어간다.[22]

노태우 정부 시기에 창구 단일화라는 단일 트랙과 현실의 투 트랙이 존재했더라도 북방정책의 비밀주의 때문에 이후 민자당 내에서 정책의 계승 세력이 형성되기 어려웠고, 그 반사적 효과로 북한 문제의 중심이 '민간'의 통일운동, 즉 북방정책과 분리된 통일운동 쪽으로 옮겨가게 되는 배경이 된 것으로 보인다. 1990년대 북한의 내부 문제와 맞물려 북한 측의 통일 문제를 대하는 방식과 남한 통일운동 세력의 대응은 비슷한 단일 수렴점을 향해 나아갔다고 할 수 있다(임필수, 2020).

---

[22] 이정철은 북방정책을 세계화 정책이 대체한 시점에 교차 승인의 외교 노선을 강조하던 북방정책으로부터 벗어나 분화하는 '신보수' 세력이 형성된다고 평가한다(이정철, 2012: 262쪽).

통치 계급의 자유주의적 전환 시도

누군가에게 "도둑처럼 찾아"온 '1991년 5월'의 기억은 다음과 같은 씁쓸한 평가를 남겼다.

> 정확히 5월 투쟁의 최대 수혜자는 대중들의 거리 정치를 이용하여 여당의 유일한 대선 후보가 된 **김영삼**과, 제1 야당의 지위와 사회운동의 상징적 대표 자리를 공고히 한 **김대중**이었다. (⋯) 여당 내 온건파, 야당, 사회운동 지도부는 명백히 5월 투쟁의 배신자였다. 범국민대책회의는 다가오는 광역의회 선거를 위해 서서히 대중운동을 정리해나갔으며, 이는 학생들의 전폭적인 신뢰를 받고 있던 전대협도 마찬가지였다.(김정한, 2020: 18쪽. 강조는 인용자)[23]

그래서 이 투쟁은 외양만 보고 평가하기 어렵다. 여기까지 이른 과정, 각 정치 세력들의 의도, 그리고 의도와는 상이한 결과, 특히 여소야대를 형성한 '4당' 세력 간의 관계를 좀 더 자세히 볼 필요가 있다. 그리고 1991년은 정치권부터 학생운동까지 "게임의 룰을 거부하는 행태"가 전면적으로 부상하는 시기였다는 김원의 지적

---

23 같은 경험을 공유한 김원도 이렇게 회고한다. "도둑같이 찾아온 만큼 당황했고, 허둥지둥하면서 거리를 휘젓고 다녔지만, 결과에 관해서는 마음속 깊이 회의하곤 했다. 바로 세상이 뒤바뀔 것이냐 하는 문제에 관해서 말이다. 어느 누구도 91년 5월의 정세가 죽음과 열사를 통해 오리라고 예측하지 못했다. 다만 선거가 있는 92~93년을 눈앞에 둔 '권력 재편기'라는 단어가 머릿속을 맴돌고 있을 뿐이었다."(김원, 2011: 243쪽)

도 염두에 둘 필요가 있다(김원, 2011: 254쪽). 1991년의 기억이 대립적이고 단편적이며 어떤 경우 뭉텅이로 소실되기도 하는 이유는 "게임의 룰을 거부"하고 모든 일을 자신의 성과 중심으로 사후적으로 정당화했기 때문일 것이다. 따라서 1991년을 전후한 시기를 되돌아보면서 확인할 중요한 지점은 내각제 합의부터 결렬에 이르는 동안 각 정치 집단들이 서로뿐 아니라 사회운동 세력까지 어떻게 활용하고 이합집산을 반복하며 자신의 세 군히기를 진전해갔는지 확인하는 것이다. 이때 그중 어느 한 세력과 자신을 동일시하지 않고 일정한 거리를 두는 것이 중요하다.

1991년, 특히 '5월 투쟁'은 민자당 3당 합당의 후과라고 많이 이야기된다. 그렇지만 중요한 질문은 왜 3당 합당이 이뤄진 지 1년도 훨씬 넘어 문제가 터졌는가 하는 것이다. 3당 합당에 이르게 된 과정과 그 내적 균열에 대해서는 선행 연구들(강원택, 2012; 윤상철, 1997: 257~312쪽; 이용식, 1993; 전재호, 2004)이 있으므로 여기서는 합당의 원인보다는 합당의 공통점인 내각제 합의에 어떻게 균열이 생기는지만 살펴보겠다. 그러려면 3당 합당을 추진한 핵심인 김영삼의 입장을 노태우 및 그의 참모인 박철언의 입장과 대조해보는 것이 중요하며, 사실상 합당 진행 과정에서 결코 배제되지 않았던 김대중의 입장도 함께 살펴볼 필요가 있다. 이 부분에 대한 역사적 연구가 본격화되지 않아서 여기서는 주로 각자 회고록을 통해 개진한 입장을 그대로 인정하면서 대립 구도를 이해해볼 것이다.

주목되는 것은 이 시기 핵심적 정치 행위자였던 김대중, 김영삼, 노태우, 박철언의 회고를 보면 모두 3당 합당에 이르는 과정과 1992년 대선 후보 선정 과정의 긴장과 갈등에 상당한 분량을 할애해 자기변호를 하는데도, 막상 1991년 상반기에 일어난 격렬한 사회적 대립에 대해선 아주 짧게 언급할 뿐 공안 정국의 등장과 노재봉 총리의 사퇴 정도의 이야기만 배정하고 있다는 점이다(김대중, 2010: 577쪽; 김영삼, 2000: 290쪽; 노태우, 2011a: 495~501쪽; 박철언, 2005b: 281~287쪽).

'1991년 5월'은 이들에게 별로 중요하지 않았거나 아니면 이야기하기 꺼려지는 부분이라고 할 수 있다. 왜 이 국면의 기억에서 다른 이들에 비해 중심적 정치인들에게서 이런 극단적 비대칭성이 발생할까. 1991년 5월의 일들은 3당 통합이 성사된 뒤 본격화한 내부 갈등과 야당과의 새로운 관계 설정에서 나온 갈등 요소 등 1990년 한 해 동안 전개된 문제가 일시에 터져 나온 상황에서, 각 세력들 사이에 세력 재편성에 대한 합의가 재조정되면서 승자와 패자가 정돈되고 나서 급격히 대립을 지속할 동력이 사라진 과정이 드러낸 결과로 봐야 할 것이다.[24]

먼저 한 해 전 3당 합당 직후 관훈토론에서 김영삼 자신이 말

---

24 당시 민주계를 취재한, 한겨레 출신 세계일보 기자 이용식은 "3당 합당은 필연적으로 권력 투쟁의 시작이었다. 김대표(김영삼)는 한편으로 끊임없이 지지 세력의 확장을 도모하면서, 또 한편으로 반대파를 제거하는 작업에 착수했다"고 말한다(이용식, 1993: 31쪽).

한 내용에 따라 그가 보는 합당의 맥락을 이해해보자. 첫째, 김영삼
은 한국 경제를 위기 상황으로 보고("우리 경제가 대단히 어렵다. 지
금 위기 국면에 와 있는 게 사실이다." 김영삼 외, 1990: 273쪽) 국제 정
세가 신사고를 중심으로 급변한다는 점을 들고 있다. 둘째, 합당의
모델은 연정이 아니라 통합 방식이라고 했는데, 그 이유로 장면 정
권 시절 구파와 신파가 대립하면서 연정이 실패하게 된 점을 든다.
셋째, 그래서 김영삼의 합당 모델은 1955년 자유당과 민주당이 통
합한 일본 자민당 모델이 아니라 1966년 독일 사민당이 기민당과
대연정을 이룬 모델이었다(김영삼 외, 1990). 김영삼의 이런 입장
은 퇴임하고 쓴 회고록에서도 일관되게 나타나는데(김영삼, 2010:
236~254쪽) 주의할 점은 빌리 브란트와 자신을 동일시하며 대연정
을 언급한 부분이다.

　3당 통합의 추진에 대해 김영삼은 소련을 방문한 뒤인 1989년
6월 21일 청와대에서 노태우 대통령을 단독 면담했을 때 처음 정
책 연합을 제안받았는데, 자신은 정책 연합은 정국 불안을 초래하
므로 하려면 합당을 해야 하며 하지만 5공 청산이 해결될 때까지는
말을 꺼내지 말라고 했다고 기록한다(김영삼 외, 1990: 252쪽; 김영삼,
2000: 203쪽). 또 내각책임제에 대해선 절대 논의하지 말자고 얘기
하지는 않을 것이나 "지금 거론할 시기가 아니다"고 했다는 것이다
(김영삼 외, 1990: 263쪽).

　상대측인 박철언의 정국 이해도 김영삼과 크게 다르지 않았다고

할 수 있다. 미소 관계의 변화와 탈냉전 추세(미국과도 다소 거리를 두는 북방외교 추진), 한국 경제의 위기적 상황, 4당 체제의 지속 불가능성(보혁 구도로 재편되지 않을 경우 내각제 개헌 추진, 정국 안정을 위해 중간 평가는 포기할 것), 한국에서 대통령제의 부적절함(내각제를 선호하며 안 될 경우 총리 체제 대신 대통령-부통령 체제로 전환), 광주 문제(야당 총재와 대화로 해결) 등이 배경에 깔려 있었다(박철언, 2013: 109쪽). 박철언은 1988년 4·26 총선 직후 4당 연합이나 합당을 검토해보라는 노태우 대통령의 지시를 받고 자신은 4당의 보수 중심으로 보수를 만들고 평민당과 YS계 일부 및 재야인사로 혁신을 구성해 보수 대 혁신의 양 날개를 구성할 것을 제안했다(박철언, 2013: 64쪽).

노태우는 6·29 선언 초안 작성부터 3당 합당의 구체적 접촉 임무까지 모두 박철언에게 맡겼음을 기록하면서 자신은 지침을 주고 방향이 확정된 뒤 청와대 협의를 진행했다고 말한다. 이 때문에 노태우는 3당 합당과 관련한 중요한 상황을 파악하고 있었으면서도 '~했다고 한다'라는 함축적 표현을 사용한다(노태우, 2011a: 338쪽, 482~490쪽).[25]

---

25 3당 합당에서 김영삼을 영입하는 데 가장 중요한 역할을 맡은 박철언은 김영삼이 민자당 대통령 후보로 선출되는 갈등 과정에서 김영삼뿐 아니라 노태우와도 결별한다. 이에 대한 노태우의 평가가 흥미롭다. "그가 비록 사리 판단이 정확하다 하더라도 경험과 관록이 부족한 단점이 있었다. (…) 그의 지나친 우월감과 부족한 자제력을 매우 안타깝게 생각했다."(노태우, 2011a: 493~494쪽)

박철언이 확인하는 합당 제안의 출발점은 김영삼의 증언보다 이른데, 1988년 9월 21일(회고록에는 9월 15일로 표기) 상도동에서 김영삼을 만나 보수 대연합을 처음 제안했으며 이에 대해 김영삼은 노태우에 대한 기대를 표명하면서 김대중은 못 믿겠다는 말을 했다고 기록한다. 석 달여 뒤인 12월 28일 상도동 협의가 진행돼 1989년 3월 16일 "노태우 대통령과 김영삼 총재는 자유민주주의 수호와 발전을 위해 구국적 차원에서 양당을 합당하기로 합의한다"는 취지로 합당의 원칙적 합의가 이뤄지고 노태우 정부에 대한 중간 평가를 무기한 연기하기로 합의했다고 기록한다(박철언, 2013: 65~66쪽; 박철언, 2005a: 356쪽, 390쪽). 이후 합당 논의가 본격화돼 민정당에서는 박철언과 박준병이, 민주당에서는 황병태와 김덕룡이 협상을 추진했다(이용식, 1993: 15~26쪽; 박철언, 406~483쪽). 박철언과 노태우에게 합당의 궁극적 목적은 내각제 전환이었다.

외견상 통합에서 배제된 것으로 보이던 김대중은 3당 합당을 반민주 반호남의 "밀실 야합"이라고 규정했다. 그러면서 1989년 말 노태우 대통령이 합당의 운을 띄우고 박철언이 찾아왔지만 일언지하에 거절해 쫓아 보냈다고 기록한다(김대중, 2010: 572~574쪽). 그렇지만 박철언은 1989년 1월 18일 동교동 지하 서재에서 가진 김대중과의 비밀 회담에서 의사를 타진해 긍정적 반응을 얻고 이후에도 김원기를 연결 고리로 3당 통합 전까지 계속 접촉했다며 상반된 기록을 남겼다. 김대중과의 접촉에서 3당 통합 직전인 1990년

1월 11일에 가서야 최종적으로 통합 거부 의사를 확인하고 민주당과 공화당 두 당과의 통합에 집중하게 됐다는 것이다. 통합 이후에도 김영삼과의 갈등이 불거지면서 지속적으로 김대중과의 재연합 카드를 활용하기도 했다(박철언, 2013: 79쪽; 박철언, 2005a: 357~361쪽, 427쪽).[26]

1988년 여소야대 구도를 만들어낸 4당 체제가 3당 통합을 거쳐 1992년 대선 체제로 전환되는 국면에서 경합하는 통치 집단 내에 갈등과 견제, 재연합 등이 벌어지는 중에 크게 등장한 변수는 내각제, 세대교체, 5공 세력과 6공 세력의 대립, 양김 위상의 재공고화 등이었다. 이 국면은 내각제 합의를 둘러싼 대립(내각제 각서 파동)에서 시작해 '공안 정국'으로 이어졌다. 두 번의 공안 정국과 그 사이 내각제 각서 파동을 거치는 동안 민자당 내에서 차기 주자로서 김영삼의 위상은 공고해졌고 그만큼 내각제 가능성은 멀어졌다.[27]

'공안 정국'의 형성은 5공에서 6공으로 넘어가는 과정 그리고 이후 정치 편제의 변화를 보여주는 한 계기였다. 1991년 공안파의 상

---

26 〈김대중 자서전〉(2010)은 자신에게 유리한 서술을 많이 남기는데 이후의 DJT 연합 형성 과정에 대한 설명 등을 볼 때 김대중의 진술을 박철언의 진술과 대비해 살펴볼 필요가 커 보인다.

27 3당 통합 직전인 1990년 1월 19일 박준병과 박철언, 황병태, 김덕룡 의원은 합당 비밀 각서 2조에 '내각제 개헌을 차기 총선 전까지 실현한다'라는 문구를 넣고 이에 대해 김영삼의 확인을 받았고 같은 내용의 각서를 김용환을 통해 공화당과도 작성했다(박철언, 2005a: 491쪽). 1990년 후반 내각제를 둘러싸고 갈등이 증폭되는 과정에서 중앙일보가 이 각서를 입수해 공표했고, 김영삼은 오히려 탈당을 불사하는 강공으로 대응해 노태우의 양보를 받아냈다(박철언, 2013: 81쪽).

징적 인물이 정치군인이 아니라 서울대 교수 출신인 노재봉 총리였다는 점에서 이는 3당 통합 후 제도화한 정치에서 공적 권력에 대한 통제를 청와대와 의회 사이에서 어떻게 수립할지를 고민한 것이었는데, 이 때문에 공안파의 화살이 김영삼 대표 제거에 맞춰졌던 것이고(김영수, 2004: 206~219쪽) 따라서 노재봉, 정해창, 서동권, 김영일 같은 핵심 공안파와 박철언, 김기춘, 최병렬 같은 여권 내 강경파 사이에는 꼭 일치점이 있던 것은 아니었다(이용식, 1993: 115~116쪽; 고바야시, 1992: 250~260쪽).

공안 정국은 1990년과 1991년 두 차례 서로 다르게 이어졌는데 김영삼과 김대중이 이를 자신에게 유리하게 활용하기 위해 때에 따라 대립과 연합을 주고받으면서 상황은 복잡하게 전개됐다. 1차 공안 정국은 1989년 문익환 목사와 서경원 의원 방북 사건에 따라 만들어졌고 김대중을 타깃으로 삼았다. 2차 공안 정국은 김영삼의 민주계를 압박함과 더불어 세대교체를 추진하려는 의도에서 1991년 초반 개시돼 '상공위 외유 뇌물 사건' 형태로 추진됐다. 이 상황에서 의도치 않게 세계일보의 수서 뇌물 비리 사건 특종이 터지면서(이용식, 1993: 186~207쪽) 각 정치 세력은 이를 자신들에게 유리한 방향으로 확대하며 상대를 공격해나갔다. 2차 공안 정국은 "양김의 보이지 않는 공동 투쟁의 성공"으로 끝나(이용식, 1993: 87쪽) 그해 5월에는 전세가 역전됐다.

이후 1992년 총선은 이런 구도의 연장선에서 전개됐고 공안 정국의 공동 승리자인 김영삼과 김대중이 여기서도 공동 승리자가 됐다. 이는 김대중이 총선에서 약진하면서, 그리고 김영삼이 총선 패배를 대통령 후보가 되는 계기로 만들어내면서 가능해질 수 있었다(고바야시, 1992: 260~263쪽). 김영삼은 김대중을 활용해 내부 공안 세력을 제어하고 이를 통해 그보다 우위에 설 수 있다고 봤다. 김대중은 통치의 안정성보다 '집권'을 우선시하는 구도를 지속해 여타 사회적 세력들을 동원과 위협의 대상으로 활용할 수 있었는데, 그렇다고 이들이 세력화하게 지원한 것은 아니고 집권을 위한 매개체로 활용하는 데 그쳤다. 1991년은 민자당의 내부 통합이 약화하면서 YS와 DJ 간 공조가 강화돼 대통령제를 중심으로 구도가 바뀌는 시기였다.

3당 합당의 정계 재편 자체는 안정화되기 힘들었고 그 한계는 1992년 총선에서 의석수가 합당 이전 3당 의석의 산술적 합계에도 훨씬 못 미치게 줄어드는 데서 확연히 드러났다. 그런데도 이런 정계 개편의 목적은 무엇보다 한국 자본주의 축적 구조의 위기 돌파와 자유주의 방향의 경제 제도 재편에 있다고 볼 수 있으므로 우리의 관심사인 이 시기부터 김영삼 집권기까지 어떤 변화들이 이어졌는지를 살펴볼 필요가 있다.

3당 합당을 통해 노태우는 "권위주의 강경 구주류 세력과 결별"할 수 있었다는 지적을 염두에 둘 필요가 있다(강원택, 2012). 당면한 문제는 김형아가 지적하듯 '자주 국방'이라는 이름하에 1970년대 유신이라는 계엄 상태와 뗄 수 없는 관계에서 추진된 중화학공업화의 "양날의 선택"(김형아, 2005)에서 양 측면을 어떻게 함께 개편할 것인가 하는 질문이었다. 1991년은 유신하 국가 주도의 준전시 경제체제로부터 경제구조를 '자유화'하는 시도의 측면에서 상충하는 경제 모델들이 병진하던 시기였다. 우선 노태우 정부 당시 직면한 과제의 복합성에 대해 주목해보자.

87년 이후 체제의 과제는 과거의 정부-산업(재벌) 관계의 단순 제도에서 벗어나, 정부-노조, 정부-재벌, 대기업노조-재벌, 금융-재벌, 정부-금융 관계라는 훨씬 다양한 제도를 형성하고, 이 제도들이 각각 자율적으로 움직이면서도 전체로는 일정한 방향성을 갖는 경제체제가 되도록 묶어내는 일이었다. 그러나 경제체제의 재구축 과제는 달성되지 못한 채 1997년 외환 위기가 닥쳐왔다. 이 과제가 실패한 핵심에는 금융 제도 구축의 실패가 있으며, 금융 제도 구축이 실패한 주된 이유는 재벌 문제 때문이다.(유철규, 2009: 247쪽)

노태우 정부에서 추진된 대표적인 경제정책에는 토지공개념(택지소유상한제, 개발이익환수제, 토지초과이득세법), 금융실명제, 신도시 개발과 민간에 의한 대량 주택 공급(국민주택 200만 호), 대규모 인프라 건설(KTX, 인천국제공항, 서해안 고속도로) 등이 포함되며 북방정책도 사실 중요 경제정책의 함의를 지닌다고 할 수 있다(노태우, 2011b; 이장규, 2011; 한국행정연구원, 2014).[28] 각각의 정책은 지금까지도 정부 경제정책의 핵심 틀에 포함되어 있을 만큼 중요성을 지니는데, 문제는 당시 경제 참모들 사이에서조차 상호 충돌이 일어날 만큼 일관성 있는 경제정책이 안착하기는 쉬운 일이 아니었다는 점이다. 노태우 정부의 경제정책에 대한 평가는 3당 합당으로 경제정책 전환이 중단되고 보수적 분위기가 정착됐다는 것이 일반적 평가라고 할 수 있다.

3당 합당으로 보수적인 지배 연합이 재건되자 여소야대하에서 경제민주화를 추진하던 세력은 퇴장하고 각종 경제민주화 관련 조치들은 무기한 연기되거나 유야무야돼갔다. (…) 1989년에는 경제민주화 관련 여러 조치들이 발표됐다. 4월 11일에는 금융실명거래 실시 준비단이 발족했으며, 다음 날에는 종합토지세와 금융실명제 도입 등 경제 현안에 관한 실천 계획이 확정·발표됐고, 10월 4일에는 택지소유상한에 관한 법 등 토지공개념 관련 4개 법안이 국무회의에서 의결됐다. 하지만 1990년 초 3당 합당으로 정치적 기반이 안정되자 노태우 정부는 애초 보여주었던 개혁적 조치를 모두 원점으로 되돌려버리고 말았다. 4월 4일 금융실명제는 무기 연기됐으며, 재

---

28 소련과의 수교에서 핵심 이슈가 경제 지원임이 확인되면서 김종인 수석 또한 수교 과정에 적극 개입했고, 박철언이 청와대를 떠난 이후에는 김종인과 김종휘 수석이 수교 협상을 주도하고 경제기획원 내에 공산권 경제 협력 문제를 다루는 부서가 만들어졌다(이장규 외, 2011: 477~492쪽).

벌의 비업무용 토지 매각 조치나 업종 전문화 정책 등도 갖가지 이유로 점차 흐지부지되고 말았다. 정치권에서 3당 합당이 무르익고 있을 즈음 재계도 단결하기 시작했다. 1989년 12월 6개의 전국 기업인 단체가 서로 연합해 경제단체협의회를 조직했으며, 이들은 보수 집권층과 힘을 합쳐 노동계급의 공세에 맞서기 시작했다.(김일영, 2011:339~340쪽)

그렇지만 앞에서 말했듯이 정책들끼리 서로 충돌하고 정책 설계 목표가 상이했기에 좀 더 상세히 살펴볼 필요가 있다. 정책 목표들의 충돌은 노태우 정부 후반기에 청와대 경제수석을 맡았던 김종인의 회고를 통해 확인할 수 있다. 김종인은 토지공개념과 금융실명제는 전임 경제수석(문희갑)의 잘못된 정책이라고 보고 당시에도 반대했다고 비판하며, 그 대신 재벌 비업무용 부동산 매각 조치와 사회간접자본 투자(KTX와 인천국제공항 건설)를 자신이 주도한 중요한 핵심 경제정책으로 든다(김종인, 2020:229~244쪽; 이장규 외, 2011:71~74쪽, 497~500쪽).

그는 많은 논란 끝에 시행된 토지공개념에 입각한 3법은 세금으로 부동산 투기를 잡겠다는 생각으로 여러 난점을 낳고 현행 헌법하에서는 위헌 소지가 크므로 실행될 수 없는 정책이라고 봤는데, 결국 위헌 판결을 받고 흐지부지됐다. 또 금융실명제에 대해서도 이는 '완전한 형태의 종합소득세를 실시'하는 것일 뿐 사회 정의 실천과 관련 없는데도 실현을 위한 제도 정비도 없이 선포하는 것은 여론 호도일 뿐이라는 입장을 갖고 있었다. 그래서 1982년 전두환 정권에서 처음 논의할 때부터 노태우를 지나 김영삼이 도입할 때까지 이 제도에 대해 일관되게 비판적인 입장을 보인다(김종인, 2020: 149쪽; 이장규 외, 2011: 216~224쪽).

노태우 경제정책의 설계에는 전두환 시기부터 이어져온 김재익 사단의 안정화론자와 김종인 같은 사회적 시장경제론자가 섞여 있었고[29] 노태우는 둘을 병렬시키고 있었음을 알 수 있다. 김종인은 김재익 사단의 긴축·안정화 정책이 결국 인플레이션 압력을 지연했을 뿐이고 사회간접자본 투자를 10년간 방기해 낙후시켰으며 재벌 개혁의 시기도 놓쳤다고 비판한다. 그런 점에서 노태우 정부 후반 김종인의 정책은 '시장 메커니즘의 자율성'을 수립하는 것을 전제로 사회간접자본 투자를 늘리는 것과 재벌 개혁에 초점을 맞췄다. 부동산 정책의 초점을 토지공개념이 아니라 재벌 비업무용 부동산 매각에 맞춘 것도 이런 방식의 재벌 개혁 때문이었는데, 이와 더불어 추진한, 재벌 진출 영역을 핵심 3개 영역 이내로 제한하려는 조치는 제대로 실행되지 못했다(김종인, 2020: 157~286쪽).[30]

---

[29] 김종인은 자신이 미국식 신자유주의와 다른, 제2차 세계대전 이후 독일의 오이켄류의 사회적 시장경제를 주장하는 '신자유주의' 계보에 서 있다고 밝힌다(김종인, 2020: 179쪽). 오이켄류 사회개입주의적 자유주의 제도 실천에 대해서는 푸코의 분석이 탁월하다(푸코, 2012).

[30] 김종인은 청와대 경제수석직을 맡으며 네 가지 약속을 제기했다고 하는데, 첫째 부동

노태우 정부의 이런 경제정책들은 앞선 유신하의 경제체제를 개편하기 위해서였는데 1994년 WTO 설립과 1997년 금융 위기를 거치며 가속화하는 개방화와 신자유주의화의 관점에서 되돌아보면, 새로운 제도 설계가 김영삼 정부에서 어떻게 지속되고 취사선택되며 변형되는지 살펴볼 필요가 있다.[31]

우선 재벌 문제에 대한 해결은 노태우 정부에선 계속 유예됐다고 할 수 있는데 이후 방향은 두 가지로 나타났다. 첫째, 대외 개방을 추진해 재벌에 대한 세계 시장의 압박을 강화하고 둘째, 재벌에 대한 경제적 의존은 현실적으로 인정하면서 정치적으로는 사회적 불만의 타깃으로 활용하는 것이었다. 노태우 정부 들어 박정희 시대의 경제개발 5개년 계획은 폐지되고 경제기획원의 위상은 신자유주의적 지향을 지닌 관료들을 중심으로 근본적으로 바뀌었다(지주형, 2011). 정부가 정책금융을 통해 '경사형 산업정책'을 추진해

산 문제를 해결하겠다는 것, 둘째 재벌 구조조정, 셋째 사회간접자본 투자 늘리기, 넷째 대통령이 주식 시세에 너무 관심 갖지 말고 시장에 맡기라는 것이었다(김종인, 2020: 269쪽).

[31] '1987년 위기의 자유주의적 전환'의 중요한 설계는 정계 개편과 북방정책은 박철언이, 인프라 투자와 재벌 개혁은 김종인이 맡았다고 할 수 있지만 양자 사이에는 긴밀한 협력 관계가 있지 않았다. 김종인은 박철언이 주도한 3당 합당을 "허망한 정치 계산법이 만들어낸 희대의 실패작" 또는 "시대와 정서를 읽지 못한 근시안적 태도가 불러온 정치 참사"라고 비판한다(김종인, 2020: 290쪽, 300쪽). 노태우의 '가정교사'였던 김종인이 집권 후 바로 경제수석이 될 수 없었던 것은 박철언 등의 견제 때문이었다는 주장도 있지만(이장규 외, 2011: 51쪽), 박철언은 노태우가 당선된 뒤 자신을 심하게 견제했던 취임준비위원회 인물들 중 김종인도 포함시켰다(박철언, 2005a: 301쪽). 김영삼 집권 직후 김종인은 동화은행 정치 자금 사건으로, 박철언은 슬롯머신 뇌물 사건으로 같은 시기에 구속되는데 둘 다 이를 '보복성'으로 해석한다.

특정 부문의 성장에 특정한 재벌을 배정하는 기존 방식을 전환하는 것이 핵심 목표가 돼야 하는 상황이었지만, 재벌 정책은 확실히 자리 잡지 못하고 1980년대 초반에 이어 결국 높아지는 재벌의 집중도를 용인하는 방식으로 타협해 경제성장을 지속할 수 있었다(이한구, 2010; 조성욱, 2012).[32]

1992~1993년 정권 이양기에 앞선 시기의 경제정책은 바로 계승되지 않지만 권력 투쟁 국면과 대선 국면을 지나 1994년부터 김영삼은 노태우 정부의 정책들을 선택적으로 계승한다. 두드러진 것은 금융실명제와 '노사관계 선진화'였고, 북방정책의 자리를 '세계화' 정책이 대체했다.[33] 반면 재벌 구조조정 정책은 이전보다 더 후퇴해 재벌에 자금 차입의 자율성을 폭넓게 허용하고 재벌의 진출 영역 확장이나 집중도 증가 또한 '시장의 자율'에 맡기는 방향으로 전환돼갔다. 1994년 김영삼은 새로운 판을 짜기 위해 인물 교체에 나서는데 이우재와 이재오 등 민중당 대표들과 노동운동가 김문수를 민자당에 영입한다. 또 이 시기에 주목할 만한 인물 영입에는 서

---

32 수서 비리로 1991년 사태의 중심에 있던 한보가 살아나 1997년 금융 위기의 중심에 다시 등장하는 것은 단지 관치 금융의 한계 때문만은 아니며 오히려 '발전국가'의 전환 때문에 생긴 경제정책 작동 방식의 변화 외에 틈새 형성과 관련이 있었다(오형석, 2019).

33 노태우의 북방정책과 재벌 개혁 논점이 김영삼의 세계화로 전환되는 과정에서 이른바 '개량화' 논쟁이 등장하는데, 한편에선 사회운동권(인민노련을 배경으로 한 이병천과 신사조를 보여주는 박형준)에서, 또 한편에선 '중진자본주의론'을 거쳐 나중에 '뉴라이트'로 전환하는 흐름에서 이런 사고가 출현한다. 그 시기 논쟁점에 대해서는 오건호(1991)를 참조할 수 있다. 개량화 가능성이라는 판단은 노태우 정부의 경제 상황 판단과는 다소 거리가 있다는 점에 주목할 필요가 있다.

울대 박세일 교수가 포함돼 있었다. 박세일은 1994년부터 '노사관계 선진화'를 주도하는데[34] 노태우 정부에서 박철언과 김종인이 수행한 일을 김영삼 정부에서 박세일이 맡아 수행할 수 있는가가 쟁점이 된다.

---

[34] 박세일의 구상에 대해서는 박세일(1991), 박세일(1994)을 참조

87 체제는 있는가

1991년 시기를 규정짓는 틀 중 하나는 1987년 이후를 '87 체제'로 정의하는 것이었고 이는 창비 그룹 등을 중심으로 널리 전파됐다(김종엽, 2009). 그렇지만 87 체제라는 용어를 수용하는 사람들 사이에서조차 그 함의에 대해서는 일치하지 않을 만큼 이는 모호한 규정이라고 할 수 있다. 87 체제는 1987년을 '민주화'의 중요한 출발점으로, 그 후를 민주화가 점진적으로 확대되는 시기로 파악하고 특히 2000년 6·15 남북공동선언을 중요한 발전의 계기로 포함하려고 하는 의지를 표명하기도 한다(백낙청, 2009). 87 체제라는 사고는 1987년 이후를 대표하는 '새로운 세력'과 1987년 이전을 대표하는 '낡은 세력' 간의 대립을 기본 축으로 삼아 역사를 서술하는 경향을 지니므로 1990년대 이후 전환의 복잡성을 충분히 파악하지 못할 수 있다. 87 체제의 규정은 여러 모순적 측면을 내포할 수밖에 없는데, '운동의 약함과 야당의 약함'이라는 이중적 한계의 관점에서(최장집, 2010: 146~151쪽) 그 규정 자체의 수용을 유보하는 박상훈의 평가를 들어보자.

87년 체제의 핵심은, 민주화 운동 과정에서 제기됐던 사회적 요구와 갈등이 대표되고 통합된 것이 아니라 배제됐다는 점, 따라서 기성 정당이 중심이 된 보수 독점적 엘리뜨 카르텔의 구조가 복원됐다는 점이다. (⋯) 운동은 제도권 밖에서 다시 결집[했고], 집권에 실패한 야당은 이들 사회운동의 영향력에 의존하려 함으로써 한편으로 지지 기반을 넓히고 다른 한편 집권 세력과의 협상력을 강화하려 했다.(박상훈, 2009: 206~207쪽)

87 체제를 강조하는 사람들은 동시에 87 체제의 해체를 강조하면서 '민주주의의 실질화'를 내세우고 복지국가와 통일을 두 중요한 목표 지표로 제시하는데, 이는 그만큼 규정의 취약함을 보여준다. 87 체제라는 규정은 1987년 위기에서 분출된 요구들이 잠정적으로 대통령 직선제의 틀 내에서 봉합됐음을 지칭하는 것 이상의 함의를 담지 못하고, 포스트-유신 세력이라는 세력 규정과 제도 질서 전환의 함의를 모호하게 섞고 있다고 할 수 있다. 이 규정은 특히 '87 체제'를 주장한 세력이 집권의 중추가 된 이후에는 적용에

어려움이 생긴다(허구적 '적'을 계속 만들어내지 않는다면). 따라서 87체제라는 규정보다 "87년 정세의 자유주의적 포섭과 그러한 포섭의 지연된 실패"(Baek, 2017: 178쪽)라고 부르는 것이 상황을 파악하는 데 더 적절할 것이다. 그런 점에서 우리가 살펴본 1991년은 1987년 정세가 제기하고 1990년대 초까지 그 선택지가 완전히 봉합되지 않은 여러 길이 현재 우리가 겪고 있는 특정한 방식으로 결정되는 과정의 출발점이었다고 판단할 수 있다.

첫째, 1991년은 한국 자본주의 축적 구조의 누적된 문제들을 '자유주의적으로 전환'할 수 있는지가 관건이 된 시기였다. 1987년 정세는 이 위기가 한편에서는 3저 호황으로 지연되고 은폐되지만 조만간 폭발할 잠재성이 있음이 드러난 시점이었다고 할 수 있다. 노태우 정부는 경제개발 5개년 계획 방식의 경제정책으로부터 탈피해 거시경제 조정을 중심으로, 인프라 투자를 통한 적극적 경기 부양 정책을 주요 수단으로 삼으려고 했다. 앞서 살펴보았듯이 토지공개념과 금융실명제, 민간에 의한 대량 주택 공급, 대규모 인프라 건설 등이 그렇게 등장했다. 이 전환은 단지 정책 내용의 전환만이 아니라 정책이 설계돼 작동하는 전반적인 제도적 틀의 전환을 동반해야 하는 것이었다.

그런데 이런 정책들은 핵심적으로 재벌 체제 개편과 맞물려 제기될 수밖에 없었는데 이 시기에 이 개편은 계속 지연되고 유보됐다. 유신하의 축적 체제로부터 경제·법률 제도의 '자유주의적 개편'으로의 전환은 부분적으로 달성됐지만 이는 신자유주의적 공세에 취약한 것이었다. 재벌의 로비와 결합한 노태우의 정치 자금은 재벌에 집중도 강화를 통한 확장의 길을 다시 열어주게 됐다. 제도적 틀의 자유주의적 전환이 자유주의자 또는 민주를 자임하는 측에 의한 것이 꼭 아닐 수도 있음이 부각된 것도 이 시기였다.

이 시기 자유주의적 전환은 이미 앞서 이식돼 작동한 바 있던 자유주의적 제도를 한편으론 유신적 구도에서 이탈시키고 다른 한편으론 1990년대 세계 경제의 틀과 동조화하는 이중의 과제를 보여준다. 그런데 '이식된 제도'를 수선한다는 것은 복잡한 과제임이 드러나는데, 제도가 설계돼 착근된 때와는 다른 사회 세력이 이를 수선하는 과제를 지고 등장한다는 점에서 이전과는 상이한 맥락이 형성된다. 특히 이전과 다르게 '통치'의 측면에서 수선을 하려다 보니 앞선 시간 형성된 두 중요한 세력, 즉 재벌과 노동자를 어떻게 새로운 축적 구도 속에 담을지가 과제가 됐고, 전면적 개편보다는 세력을 분할해 그 일부와 손을 잡는 통치 방식이 반복될 가능성이 커졌다.

둘째, 통치의 불안정성과 부적합성을 전환하려는 시도에서 내각제 합의를 중심에 둔 3당 합당을 추동했지만 이로써 정치 구도가 안정화되지는 못했다. 내각제 논란은 오히려 1987년의 성과를 '대통령 직선제'로 한정하는 제약을 작동시켰고, 정치의 장에서 배제된 대중은 반복되는 직선제의 마당에 소환됐다. 그렇지만 임시 대응으로 마련된 비체계적 대통령제에 따라 이후 통치의 불안정성이 반복되고[35] 그때마다 내각제 논란이 되살아났다. 1990년에 등장해 1992년에 억제된 내각제 논의는 1997년 DJP 연합 시기에 다시 전면에 등장했다. 2016년 탄핵 국면에서도 조심스레 다시 부각되다가 신속히 사라졌다. 세 번 모두 그것을 불러낸 배경과 그것을 제거한 정치적 구도는 유사했는데, '기득권 세력'을 잠재운 잠재적 대선 후보의 위상을 공고화하며 해결을 유예했던 것이다. 매번 밀실 협상이나 상층 담판을 통한 내각제 개헌은 현실적으로 불가능한 것이었다.[36]

1991년 정세가 '양김의 승리'로 마감하면서 정치 노선 논쟁은 봉합되고 제도보다 인물에 초점을 맞추는 정치 논쟁 구도가 강화됐다. 하나의 유의미한 범주로서 '통치 계급'이나 '통치 집단'이 형성되기보다는 그와는 상이한 함의를 지니는 '집권 세력'의 의미가 더 중요하게 부상했기 때문이다. 이후 정치인들은 정치 체제를 전환해 개혁하기보다 자신의 상대방을 악으로 규정하고 자신을 '미완의 민주화의 주체'로 내세워 대중을 동원하면서 대중을 계속 체제 외부의 불만 세력으로 붙잡아두는 경향을 촉진시켰다.

셋째, 내각제 논란이 잠식해버린 정치 공간에서 혁신 정당의 위

---

35 "당시 '87 체제'라는 게 나오게 된 것은 그 당시 유력한 후보로 거론되던 사람들이 누구도 당선 자신이 없었기 때문이기도 합니다."(박철언, 2013: 35쪽)

36 1990년 3당 합당 추진은 노태우와 박철언의 범위에서 극비리에 추진됐기에 노재봉 정치특보와 안기부장도 모르는 일이었다(박철언, 2013: 75쪽).

상과 이를 둘러싼 사회운동의 흐름은 표류했다. 지배 블록이 재편되는 중에 혁신 정당의 공간이 형성되리라고 낙관한 것, 노동운동이 쌓아온 대중적 기반이 신속히 해소된 것, 민주노총을 진보 정당의 도구적 기반으로 인식하는 사고 등이 문제로 부각됐다. 또 기존 정치 세력들이 대선 후보 선정을 둘러싸고 이합집산하면서 진보 정당 시발점의 문제의식조차 부차화됐다. 1990년대 사회운동의 방향은 정치제도 개편보다는 인물 중심의 교체론이 지속되고, 미래로 유예된 자기 후보를 위해 정책을 구상하고 인적 풀을 공급하고, 이 시간을 단축하기 위해 대중운동을 수단화하는 경향이 강화되는 것으로 이어지며, 그 귀결로서 정치 이념이 소실됐던 것으로 보인다.

이 시기는 사회구성체 논쟁이 끝난 직후였는데도 '자본주의'도 '사회구성체'도 핵심 질문에 들어오지 않았는데, 통치 계급의 통치 체제를 축적 체제와 연관해 분석하기보다 유예된 집권을 위해 정책 프로그램을 준비하는 데 치중하는 경향이 컸다. 여러 정치 집단이 세력을 형성해 '정치사회'에 진입하려 하면서도, 그 정치사회의 성격이 무엇인지, 그것이 어떻게 만들어지고 어떤 특성이 있는지를 질문하는 힘은 약하고, '더 많은 자유주의적 전환'이 좋은 것인지, 좋다면 누구에게 또 어떻게 좋은지를 판단할 때는 모호했다. 그래서 더 '리버럴'한 전환을 위한 압력의 행사, 즉 글로벌 스탠더드에 맞춘 경제 표준을 착근하려는 시도가 나타나며, 통치 세력이 그렇듯이 재벌에 대한 강도 높은 구조조정보다는 세계 시장에 착근하기 위해 보조나 외압을 행사하는, 재벌 현대화의 시도로 끝날 수 있었다.

넷째, 전노협이 해소되고 민주노총으로 이전하는 과정에서 민주노조 운동의 유산이라 할 수 있는 노동자의 노동운동 주체성, 지노협의 전통, 노동운동 조직과 결합한 노조운동의 긍정점은 사라지고, 형식적으로 남아 있던 '노동 해방'의 구호가 소멸한 자리에 대기업 노조에 경제적 이익을 보장함으로써 노동계의 불만을 관리해가는 방식이 부각됐다. 결국 재벌 중심 체제와 대기업 중심 노조운동 간의 공생이 점차 강화됐다. 김영삼 정부에서 박세일의 등장은 앞서 이뤄진 '자유주의적 전환'의 이어진 시도와 실패를 보여주는데, 이는 특히 '노사 관계 선진화'를 둘러싼 갈등이 해소돼가는 과정에서 확인된다(김창우, 2020).

이는 양면적 효과를 낳았다. 한편에서는 앞서 살펴보았듯이 3파 통합과 투 트랙 이후 민주노총을 '경제주의적'으로 다루는 경향이 강화됐고, 다른 한편에서 경제와 정치 대응이 분할하고 대중이 보수화하는 문제가 불거졌다. 길게 보자면, 전태일로부터 시작해 청계피복 노조, 동일방직 노조, 구로동맹파업, 1987년 대투쟁을 이어온 노동운동이 민주노총-민주노동당 체제가 수립됨으로써 승리를 거둔 것인지 의문이 계속 제기됐다. '노동 해방 구호와 결합한 민주노조 건설'과 스스로 정치적 주체 되기로서 학습과 문예운동이라는 두 전통은 사라졌다. 노동자는 노동운동의 비주체 조합원으로 존재하게 됐다.

다섯째, 1991년에 형성된 통일의 투 트랙 구도는 이후 '분단 체제론'의 시각에 따른 단일 트랙으로 전환됐다. 앞서 지적했지만 남북 관계는 1991년까지 '사실상 2국가의 외교적' 관계와 '운동 세력 관점에서 접근한 단일 국가의 통일'의 관점이 병존하고 있었다. 남북기본합의서의 특징은 상호주의와 교차 승인(6자 회담 구도), 한반도 비핵화 등 2개국 간의 '외교적 구도'에 서 있다고 할 수 있다. 그렇지만 1989년 평양축전과 범민련 형성 그리고 전국연합 주도 이후의 남북 관계는 통일운동 관점의 우위하에서 전개되며 이는 2000년 6·15 공동선언과 이후 남북 관계에서도 지속되는데, 여기서는 앞선 시기와 대비해 통일 우선(일방적 지원 가능: 햇볕 정책), 당사자주의(분단 체제), 핵 문제의 현실 인정(핵 동결)이라는 변환된 구도가 더 중요하게 작동한다.[37]

---

37 2021년 3월 26일 비판사회학회 콜로키움에서는 '분단 체제'와 '분단 통치성'이 다른 것이 아닌가 하는 중요한 질문이 제기된 바 있다. '분단 통치성' 개념은 그것을 작동시키는 제도 실천의 배치를 질문의 핵심에 두며, 그 질문에 대한 해답의 범위를 남북한의 좁은 공간에 가두기 어렵다는 점에서 '분단 체제' 개념과 구분된다.

'다시, 첫차를 기다리며'

이 글에서는 1991년을 '잊힌 퇴조의 출발점'으로 규정하려고 했다. 2017년을 1987년에 바로 이어 붙여 승리의 역사로 쓰려고 하는 사람들에게는 어색하기 짝이 없을 이 이의 제기는 현시점 한국 사회의 현실을 되짚어보려는 의도에서 출발하는 것이기도 하다.

30년 전 그 시점에 한국 자본주의의 성격은 무엇이고 향후 변신의 방향은 무엇이며 그것과 연계되어 재구성할 정치체의 성격과 방향성은 무엇인지를 두고 벌어진 경합과 대립, 갈등은 중요했다. 이런 질문은 통치 집단의 측면에서도, 민중 세력의 측면에서도 유의미하고 중요하게 부각될 수 있었지만, 결과를 두고 보면 자본주의나 세계 경제를 둘러싼 심도 있는 질문이나 정치체에 대한 논쟁적 질문으로 이어졌다고 보기 힘들다. 그 시기는 해결되지 않은 난점을 남겼고, 승리보다는 '잊힌 퇴조'의 출발점이라고 보는 것이 더 적절할 것이다. 그 시기에 놓고 온 것, 정리하지 않은 것, 당연하다고 여긴 것이 사실 문제의 시작일 수 있기 때문에.

그 시점은 통치 계급에도 문제의 시기다. 어떻게 통치를 지속할지, 무엇을 어떻게 바꿔 통치의 불안정성을 해소할지, 누구와 더불어 어떻게 통치를 지속할지 등을 유의미하게 논쟁하지 못한 출발점으로 보인다. 그 시기는 피통치자에게도 퇴조다. 무엇과 싸우고 무엇을 얻으려고 하고 무엇이 문제인지를 명시화하기 어려웠고, 이익 싸움이 아닌 듯 말하지만 집단적 이익 싸움의 모양새로 대응이 전락하기 시작했다.

그 후 우리가 갖게 된 것은 복지에 대한 희망 섞인 요청과 통일에 대한 막연한 기대의 조합물 같은 것이었다. 그리고 항상 이 질문은 자본주의 축적 체제 분석과도, 정치체 논의와도 연결되지 않고 외삽되는 형태로 제기돼왔다. 김영삼 정부를 지나 1997년 금융 위기를 거치면서 신자유주의는 강제된 경제구조로서 되돌릴 수 없을 정도로 한국 사회에 착근했다. 그렇다면 그에 앞선 격렬한 노동법 개정 투쟁은 재편된 통치 질서에 무엇을 질문했을까? 1990년대 전체에 걸쳐 통치 계급은 누구이고 무엇을 기획했고, '진보'와 '민주'의 경계는 무엇이었을까?

나는 1991년을 '서사연(서울사회과학연구소) 사건'을 중심으로 기억한다. '5월 투쟁'이 소강상태에 들어서고 명동성당 농성도 자진 해산하기 직전인 그해 6월 27일 치안본부 대공분실과 국군기무사령부는 합작으로 서사연 연구원 9명을 연행해 그중 6명(신현준, 권현정, 송주명, 이창휘, 한준, 홍성태)을 구속한다. 이 사건으로 전효관과 오건호 등의 연구원들까지 수배를 우려해 피신하면서 나는 어쩔 수 없이 임시운영위원장을 맡아 김진균, 서관모, 윤소영 선생 등 남은 사람들과 함께 조직적으로 대응하고 변호사들(민변)과 가족들을 연계하는 등 많은 일을 수행해야 했다.

많은 사람에게 죽음의 기억을 남긴 그해 나는 여름 이후에 집안 내에서 장례를 세 번 연달아 치르기도 했다. 서사연은 사건 자체에 대해서는 여러 학술 단체와 공동 대응해 성공적으로 대처했지만 정작 연구 조직으로서는 지속성에 문제가 생겨 한 해 남짓 거친 이후 과천연구실이 분리해 나가는 것을 계기로(정리 문건 없이 해소된 셈임) 본래 활동의 지향성을 상실했다. 1991년에 '사회주의 몰락'의 후과로 운동이 변신한 것으로 쉽게 이야기하지만, 박철언 중심의 북방정책이 이미 소련의 변신 조짐을 포착하고 기민하게 대응해왔듯이, 1990년 학술단체협의회는 '사회주의 대개혁과 한반도'라는 주제로 서사연의 주도로 한국산업사회연구회(현 비판사회학회), 사회경제학회, 한철연(한국철학사상연구회) 등과 공동 준비해 이 문제에 대한 조직적 대응을 그 나름 성공적으로 대비하고 있었

다. 1991년은 그런 공동의 노력조차 한순간에 사라지게 만들었다.[38]

'1991년'을 겪으면서 고학년 학생운동권이 방향성 상실로 오래 힘들어했던 것처럼 적지 않은 젊은 세대 연구자들도 지향점의 혼란을 겪었다. 1980년대 중후반 사회과학을 연구하는 대학원생을 집중적으로 모았던 서사연의 짧은 활동과 이후 길게 이어진 해산 과정, 이와 맞물려 한국산업사회연구회(이후 산업사회학회를 거쳐 비판사회학회로 계승)와의 관계 설정 또한 정돈되지 못한 채 1990년대는 그렇게 지나갔다.

갑자기 틈입해 들어온 '1991년'은 많은 사람을 예전과 같은 방식으로 모일 수 없도록 만들었고 사람들은 이제 새로운 방식으로 새로운 사람들과 만나기 시작했다. 그렇지만 정작 그렇게 지나온 1991년의 의미는 무엇인지, 그것이 1987년 질문으로부터 어떻게 이어지는지, 그리고 이후 겪게 될 일들의 어쩐 조짐을 예비적으로 담고 있었는지를 차분히 분석하고 논의해볼 기회를 갖지 못했다.

통치 계급을 포함한 전체 구도의 전환은 무엇이고 왜 그런 전환이 발생하는지를 철저히 분석하지 못했고, 이미 어떤 제도적 변화가 진행 중이었는지, 그런 전환 시기에 새로운 시대를 외치며 변신하려고 했던 사회운동 조직들의 논리는 무엇이고 적절했는지, 그런 변화와 동시에 진행된 전노협 해소와 민주노총 설립은 적절했는지

38 그 시점의 사회주의 쟁점이 어떻게 중단됐는지 이론적 논점을 다시 살펴본 것으로 백승욱(2020c)이 있다.

등은 모두 논쟁으로 남겨졌다. 여기에 비극의 시기를 지난 뒤 비극이 소극으로 되풀이되지 않게 교훈을 정리하는 방식은 무엇이고, 무엇보다 이 모든 것을 정리해 기록하고 대응을 모색하는 주체로서 '우리'는 누구이고 누구여야 하는지는 질문으로서 계속 남는다.

긴 시간을 지나고 나서 1991년의 질문을 제대로 짚고 가지 않는다면, 한국에서 정치 관념으로 추방과 검거, 시혜 셋 말고는 어떤 담론도 등장할 수 있는 지금, 벗어나기 힘든 미로에 갇힐 것이다. '1991년'을 다시 보려는 것은 1987년 위기의 정세가 어떤 자유주의적 제도 전환의 시도를 보였고 그 제도 편제들의 유산이 지금도 어떻게 지속되고 있는지를 질문하는 것이다. 그것은 자유주의적 전환의 세계적 맥락에 대한 질문을 한국화하려는 것이며 그러고 나서 비로소 자유주의의 지평을 넘어설 수 있는지를 묻는 데로 나아가보려는 것이다. 질문은 자본주의를 체계로 재생산하게 만드는 역사 제도(백승욱, 2019a), 국가 간 체계의 질서(백승욱, 2020b), 사상사(백승욱, 2019b) 쪽으로도 확장될 필요가 있다.

민중들은 늘 저항하고, 새로운 투쟁은 언제나 떠오르기 마련이며, 아무리 눌러도 억압 불가능한 최저선이 존재한다는 것을 이유로 승리와 낙관을 주장하는 것은 무책임한 일이다. 무엇을 중간 준거점으로 삼아 되돌아볼지를 생각해 유의미한 반성점을 남기지 못했다면, 퇴조 시기에 중간에 버틸 지점이 모호하고 오로지 '자기편'이라 생각하는, 통치 계급의 일개 분파에 대한 팬덤만 남는다면 그건 오래전부터 시작된 퇴조가 맞을 것이다.

주체의 의지만 두드러져 분명한 적들을 가시화하는 작업들만 되풀이하고, '우리'는 늘 승리의 역사로 서술되고 약한 부분은 덮어야 한다는 암묵적 합의가 있고, 통치 계급에 대한 분석은 밀려나고 '남은 잔재'와 '우리 진보 세력'을 나누는 감별의 절차가 대부분 분석을 대체한다면 어떻게 전진이 가능할까.

그해 이후 내게 봄은 오래 오지 않고
긴긴 어둠 속에서 나 깊이 잠들었고
가끔씩 꿈으로 그 정류장을 배회하고
너의 체온, 그 냄새까지 모두 기억하고
다시 올 봄의 화사한 첫차를 기다리며
오랫동안 내 영혼 비에 젖어 뒤척였고

뒤척여, 내가 오늘 다시 눈을 뜨면
너는 햇살 가득한 그 봄날 언덕길로
십자가 높은 성당 큰 종소리에
거기 계단 위를 하나씩 오르고 있겠니

버스 정류장에 서 있으마
첫차는 마음보다 일찍 오니

어둠 걷혀 깨는 새벽 길모퉁이를 돌아

내가 다시 그 정류장으로 나가마

투명한 유리창 햇살 가득한 첫차를 타고

초록의 그 봄날 언덕길로 가마

__정태춘·박은옥, '다시, 첫차를 기다리며'(2002년)

(2021년 5월)

1991년 연표

진보

1월

1일 북한 김일성 주석이 신년사에서 민족통일정치협상회의를 제의하고 연방제를 강의한다.

5일 민주연합이 야권 3당에 통합을 위해 비상정치협상회의를 제의한다.

14일 서총련 소속 대학생 9명이 한국군 의료진 걸프전 파병에 반대하는 서한을 주한 미국대사관에 전달하려다 연행된다.

22일 민자당 창당 1주년과 전노협 결성 1주년을 맞아 대학가에서 대대적 시위가 벌어진다.

23일 범민련 남측본부 준비위원회 구성

25일 범민련 북측본부 결성

통치 계급

6일 소련 대통령 특사 방한(한·소 수교 1990년 9월 30일)

9일 가이후 일본 수상 방한

19일 안기부가 사노맹(남한사회주의 노동자동맹) 사건 관련자 15명을 연행한다.

23일 정부는 소련에 10억 달러 규모의 현금 차관을 제공하기로 약속한다.

25일 범민련 간부 2명을 구속하고 2명을 수배한 뒤 이와 관련해 전민련 사무실을 수색한다.

30일 서울형사지법은 김근태 전 민청련 의장 고문 사건에서 고문 경관들에게 실형을 선고한다.

30일 걸프전 파병 결정

2월

2일 전민련 및 조국통일운동 탄압분쇄 결의대회

3일 민주연합이 전당대회를 통해 민주당과 연합한다.

8일 대우조선 파업

3일 세계일보가 노태우 정부 최대의 권력형 비리인 수서 택지 분양 특혜 사건을 특종 보도한다. 이후 검찰 조사에 의해 한보그룹과 정관계가 유착한 비리가 드러난다.

9일 연대회의 수련회에 참석한 노조

간부 67명을 연행한다. 이후 대우조선 파업에 참여한 간부 7명을 3자 개입 혐의로 구속한다.

11일 경북대 학생들이 파출소 앞에서 화염병을 던지며 시위를 벌이다가 경찰의 총에 맞아 한 명이 중상을 입는다.

12일 남북체육회담에서 남북한 단일팀(탁구 및 청소년축구) 구성에 합의한다.

14일 수서 택지 특혜 분양 사건으로 정태수 한보그룹 회장이 구속된다.

20일 향린교회 홍근수 목사가 국가보안법 위반 혐의로 구속된다.

27일 김진주 사노맹 중앙위원 체포 (3월 1일 구속)

3월

1일 성직자 200명이 시국성명서를 발표한다.

4일 야당과 재야는 수서 비리 사건의 진상 규명을 위해 연대 투쟁을 전개하기로 합의한다.

8일 민교협(민주화를 위한 전국교수협의회) 소속 교수 75명이 노태우 정권 퇴진을 요구하며 농성한다.

1일 치안본부가 재야 인사 768명을 사찰한 사실이 밝혀진다.

2일 정부는 2006년까지 발전소 55기를 건설하기로 계획한다.

7일 녹두출판사 편집부장 구속

10일 사노맹 사건으로 수배 중이던 박노해가 체포된다(3월 12일 구속).

진보

9일 평민당의 주최하에 보라매공원에서 '수서비리규탄 국민대회'가 열리고 10만여 시민이 참여한다.

9일 전노협과 연대회의, 업종별노조회의 간부 3백여 명이 정권은 수서 비리를 책임지고 퇴진하라고 요구한다.

13일 한겨레민주당이 법정 지구당 수가 부족하다는 이유로 등록 취소된다.

16일 비리대책회의 주관하에 '수서비리 은폐정권 규탄 국민대회'가 열려 전국적으로 국민연합, 전노협, 전대협 소속 2만 4천여 명이 시위를 벌인다. 경찰의 봉쇄에도 불구하고 대규모 시위로 번져 서울역 앞 도로를 점거하기도 한다.

18일 KNCC(한국기독교교회협의회)가 수서 비리 진상 공개와 양심수 석방을 촉구한다.

19일 교수 1300여 명이 수서 비리를 규탄하며 서명한다.

20일 동우전문대 학생 정연석이 학내 폭력 척결 등을 요구하며 분신한다.

26일 서원대 학생 박병배가 학내 민주화 등을 요구하며 분신한다.

통치 계급

13일 치안본부는 재야 단체 20곳을 내사하라고 지시한다.

14일 경찰은 경수노련 6명에 대해 국가보안법 및 노동쟁의조정법 위반 등 혐의로 영장을 청구하고 9명을 수배한다.

14일 박철언 체육청소년부 장관이 5월 5일부터 4박 5일간 방북한다는 계획을 발표한다.

19일 국방부가 민간인 사찰을 진행해왔음을 시인한다.

20일 낙동강 페놀 유출 사건(두산전자) 첫 보도

22일 기무사와 부산시경은 군민주화 조직과 관련해 방위병 2명을 구속하고 3명을 연행한다. 3월 23일 추가로 4명을 구속하고 3명을 수배한다.

22일 안기부는 주체사상과 조통그룹(조국통일촉진그룹)이 전대협을 배후 조종하고 임수경을 밀입북시켰다며 국가보안법 위반 혐의로 6명을 구속하고 21명을 수배한다.

26일 30년 만에 기초의회 선거를 실시한다.

27일 대우조선 노조 간부 5명 구속

4월

11일 전대협이 정기총회에서 '반미·반민자당'으로 활동 방향을 정한다.

19일~20일 전국적으로 일어난 시위에서 경남대 학생 정진태가 최루탄에 맞아 뇌수술을 받고, 전남대 학생 최강일이 마찬가지로 최루탄에 맞아 왼쪽 눈을 실명한다.

22일 민가협 회원 50명이 국가보안법 철폐와 양심수 전원 석방을 요구하며 무기한 농성에 돌입한다.

25일 대학생 교양 도서에 대한 당국의 잇단 압수수색 조치에 대해 문인과 학자, 변호사 등 1128명이 항의 성명을 발표한다.

26일 등록금 인하 등을 요구하며 시위를 벌이던 명지대 학생 강경대가 사복 경찰의 쇠파이프에 맞아 사망한다.

27일 전국 대학가에서 강경대 타살을 항의하는 시위가 일어나고 서울대생 10여 명이 직격 최루탄에 눈과 머리를 다치는 등 중상을 입는다.

28일 원진레이온에서 나타난 이황화탄소 중독을 직업병으로 알려야 한다는 여론이 형성된다.

29일 전남대 학생 박승희가 강경대 추모와 노태우 정권 퇴진을 요구하며

1일 김영삼 민자당 대표최고위원과 김대중 평민당 총재는 회동을 갖고 광역의회 선거 실시와 개혁 입법 마무리 등 5개안에 합의한다.

3일 노동자문예협회 대표 구속

9일 평민당과 신민주연합당이 통합해 신민주연합당(신민당)이 된다.

9일 국가보안법 위반 혐의로 구속된 장명국 석탑노동연구원장에게 2심에서 1년 6월이 선고된다.

12일 검찰이 전노협과 연대회의가 총파업을 지시했다며 두 단체에 대한 내사에 착수한다.

19일 고르바초프 소련 대통령 방한

19일 현주억 전노협 의장 직무대행과 이순형 서노협 의장 직무대리에 대한 사전구속영장이 발부된다.

20일 대우자동차 노조원 9명에 대한 구속영장을 신청한다.

22일 경찰이 울산 현대정공 노조 간부들을 연행한 뒤 무관한 단체 가입 여부를 캐며 권총으로 위협했다는 사실이 밝혀진다.

24일 박용곤 두산그룹 회장이 낙동강 2차 페놀 유출 사고에 대한 책임을 지

진보	통치 계급

분신한다.

30일 한신대와 경남대 교수 1백여 명
이 강경대 타살에 항의해 집단 농성에
돌입한다.

고 회장직을 전격 사임한다.

25일 명지대 총학생회장에 대해 집시
법 위반 혐의로 영장을 청구한다.

25일 전대협 소속 대학생 5명이 서울
에서 '통일 대축전'을 열자는 내용의
공개서한을 전달하려 판문점에 가려
다 연행된다.

27일 강경대 사망과 관련된 전경 5명
을 구속한다.

29일 노재봉 국무총리가 국민에 사과
하고 경찰에 폭력을 근절하라고 지시
한다.

5월

1일 안동대 학생 김영균이 강경대
타살에 항의하며 분신한다.

1일 서울구치소에 수감 중이던 양심
수 2백여 명이 단식 농성에 들어간다.
전국 각지에서 노태우 정권 퇴진을 요
구하는 시위가 벌어진다.

2일 이 시기 40개 대학의 860여 명
교수들이 농성에 참여하고 54개 대학
의 2300여 명 교수들이 시국 성명을
냈다고 집계된다. 17개 대학의 총장들
도 항의 의견을 발표한다. 종교계도 참
여한다.

3일 경원대 학생 천세용이 노태우

1일 내무부 장관이 국회 현황보고에
서 사복 체포조인 백골단을 해체할 뜻
이 없다고 발언한다.

4일 내무부 장관이 현재의 백골단을
정규 경찰로 대체하고 시위 진압을 해
산 위주의 방법으로 전환하겠다고 발
표한다.

5일 김지하 시인이 조선일보에 '죽
음의 굿판을 당장 걷어치워라'라는 글
을 발표한다.

6일 노태우 대통령이 언론사 부장들
과의 오찬에서 '5월 시국'에 대한 언론
의 보도 자제를 요청한다. 이때 김지하

정권 타도를 외치며 분신한다.

4일 '백골단·전경 해체와 공안통치 종식을 위한 범국민 궐기대회'와 시위가 전국 21개 지역에서 강행된다. 이날 전국적으로 20만여 명의 학생들과 재야인사, 종교 단체 인사, 일반 시민들이 참여한다. 명동과 서울역 일대에선 한밤까지 시위가 이어졌고, 그 와중에 한양대 학생 김홍장이 최루탄에 맞아 중태에 빠진다.

6일 박창수 한진중공업 노조위원장이 수감 중에 의문의 상처를 입어 병원에 입원했다가 이날 사망한 채로 병원 마당에서 발견된다. 이에 대해 정부는 비관 자살이라고 발표한다. 다음 날인 5월 7일 수원지검과 경찰 1천여 명이 영안실 벽을 부수고 사체를 가져가 강제 부검한다.

7일 대학생 500여 명이 신민당사를 점거하고 '정치 흥정'에 항의하며 농성한다.

7일 노동계 반정부 투쟁 본격 선언

8일 김기설 전민련 사회부장이 서강대에서 노태우 정권 퇴진과 민자당 해체를 요구하며 분신한다.

8일 변호사 326명과 경기·강원 지역의 목회자 140여 명이 시국 선언을 발표한다.

의 글을 언급한다.

8일 정구영 검찰총장이 '분신자살' 배후에 부추기는 조직적 세력이 있는지 철저히 조사하라고 긴급 지시한다.

9일 대우자동차 부평공장에 경찰이 투입되어 노조원 371명을 연행한다.

8일 박홍 서강대 총장은 서강대에서 분신한 김기설과 관련한 기자회견에서 "지금 우리 사회에서는 죽음을 선동하는 어둠의 세력이 있다"고 주장한다.

9일 민자당 전당대회 개최

10일 민자당이 국회에서 국가보안법 및 경찰법 수정안을 날치기로 처리한다.

10일 미국 국무부가 한국의 사태가 평화적으로 해결되기를 희망한다고 밝힌다.

11일 백골단이 다시 강경 진압에 나선다.

15일 노태우 대통령이 불법 시위는 용납할 수 없다고 밝힌다.

18일 검찰이 김기설 유서 대필 사건 수사에 착수한다.

20일 검찰이 김기설 유서 대필 사건의 용의자로 강기훈 전민련 총무부장

진보

9일 6공화국 최대 반정부 시위. '민
자당 해체와 공안통치 종식 범국민대
회'에 전국에서 30만 명이 참가하고
서울 도심은 마비된다.

10일 노동자 윤용하가 전남대에서 노
태우 정권 타도를 외치며 분신한다.

10일 연이틀 전국적으로 대규모 시위

11일 박창수 노조위원장 사망 사건과
관련해 정권을 규탄하는 대규모 집회
가 전국 14개 지역에서 5만여 명이 참
가한 가운데 열린다.

13일 전대협 구국결사대 소속 대학생
46명이 민자당사를 한때 점거한다. 이
일로 5월 15일 33명이 구속되고 7명
이 수배된다.

14일 시국 선언에 참여한 교사가 3천
명을 넘어선다(1991년 총 5700여 명).

16일 서총련 소속 대학생 15명이 주
한 미국대사에게 공개서한을 전달하
려다 연행된다.

18일 범국민대책회의가 본부를 명동
성당으로 옮겨 장기 항쟁을 준비한다.

18일 강경대 장례와 전노협 및 연대
회의 산하 노조들의 총파업이 맞물리
면서 시위가 최고조에 달한다. 6공화
국 최대 전국 40만 명 시위.

18일 광주 보성고 3학년 김철수가 운

통치 계급

을 지목하고, 국립과학수사연구소는
그의 필적이 유서의 필적과 동일하다
고 감정한다.

22일 노재봉 국무총리 사표 제출

22일 〈노동해방문학〉 등록 취소

24일 정원식 국무총리 임명

동장에서 5·18 광주정신 계승과 교육 현실을 비판하며 분신하고 6월 2일 사망한다.

18일 30대 주부 이정순이 연세대 앞 철길에서 백골단 해체와 군사독재 종식 등을 요구하며 분신한다.

19일 강경대 장례 행렬이 광주에 도착하면서 1980년 이후 최대 시위가 벌어진다.

22일 노동자 정상순이 전남대 병원 옥상에서 분신한다.

25일 성균관대 학생 김귀정이 경찰의 토끼몰이식 시위 진압 과정에서 질식사한다.

6월

3일 정원식 국무총리 서리가 한국외대에서 마지막 강의를 끝내고 나가던 중에 학생들에게 밀가루와 달걀 세례를 받고 교문 밖으로 쫓겨난다.

5일 한국외대생 1천여 명이 토론회를 갖고 정원식 총리 사태에 대해 국민에게 사과한다.

8일 여수 택시회사 노조위원장 강대식이 차량 배정 문제로, 인천 삼미켄하 노조홍보부장 이진희가 임금 소폭 인상에 항의하며 분신했다가 중태에 빠진다.

4일 경찰이 강경대 장례와 관련한 시위 등을 주도한 전대협 의장 등 3명에 대해 사전영장을 발부받아 검거에 나선다.

4일 경찰이 정원식 총리 사태와 관련해 가담한 한국외대생 15명을 지목하고 검거에 나선다.

5일 서울 지역 대학 총장 10여 명이 정원식 총리 사태 등 학내 폭력에 공동 대처하기로 논의한다.

5일 치안본부가 '민족해방활동가

진보

11일 PD 3파 통합(인민노련+노동계급 +삼민동맹)

27일 전대협은 광복절에 서울에서 열 릴 예정인 '범민족대회'와 관련해 학 생 대표 2명을 북한에 파견할 계획이 라고 밝힌다.

28일 남총련(전남지역 총학생연합) 소 속 대학생 700여 명이 노태우 대통령 의 방미를 하루 앞둔 이날 광주 미문 화원에 몰려가 기습 시위를 벌인다.

29일 서준식 전민련 인권위원장 등 4명이 경찰에 자진 출두하면서 재야 의 명동농성 농성이 43일 만에 종료 된다.

30일 서사연 사건에 대응해 서사연, 학단협, 민교협 등 22개 학술출판 관 련 단체가 '학문과 사상의 자유 탄압 및 학술연구자 불법 연행 구속에 대한 공동대책위원회'를 구성하고 성명서 를 발표한다.

통치 계급

조직'을 만들어 활동한 서울대 학생 18명에 대해 국가보안법 위반 혐의로 구속영장을 청구한다.

6일 교육부가 대학생 징계 제도를 대폭 강화하겠다고 발표한다.

6일 재야, 학생, 노동운동 간부 대량 검거에 대한 우려가 고조된다.

7일 치안본부가 각종 시위를 주도해 온 범국민대책회의와 전대협, 전노협 간부 88명에 대해 일제 검거령을 내 린다.

11일 경찰이 윤영규 전교조 위원장에 대해 집시법 위반 혐의로 사전구속영 장을 발부받아 검거에 나선다.

12일 정금채 전국노련 준비위원회 공 동대표 구속

12일 충북도경 대공과는 '청주대 자 주대오 사건'과 관련해 국가보안법 위 반 혐의로 청주대 학생 8명을 검거하 고 6명을 구속한다.

14일 현주억 전노협 의장 직무대행 구속

18일 옐친 러시아 대통령 미국 방문

20일 광역의회 선거에서 여당인 민자 당이 65퍼센트 득표로 압승을 거둔다.

25일 강기훈이 명동성당 농성장을

나와 경찰에 자진 출두한 뒤 구속된다(1992년 대법원에서 징역 3년 확정, 2012년 재심 개시, 2015년 대법원에서 무죄 확정됨).

26일 단식 농성으로 탈진해 병원에 입원해 있던 국민회의 한상렬 대표와 이수호 집행위원장이 경찰에 구속된다.

27일 서사연 사건 발발. 치안본부 대공분실과 기무사는 연구원 8명(방위병 3명 포함)을 연행하고 연구소와 관련된 출판사 2곳을 압수수색한다. 민간인 2명과 방위병 4명이 국가보안법 위반 혐의로 구속된다.

29일 안기부가 전민련 사무실을 압수수색해 범민족대회와 관련한 문건을 압수한다.

29일 노태우 대통령이 방미길에 오른다.

7월

1일 김대중 평민당 총재와 김영삼 민자당 대표가 광주에서 회담을 가진다.

8일 서울대 대학원생 100여 명이 서사연 탄압 규탄 집회를 연다.

14일 전국 28개 노동 단체들로 구성된 전국노련(전국노동단체연합)이 출범

2일 전대협 소속 대학생 2명이 통일대축전 실무 준비를 위해 독일에 파견된 것과 관련해 전민련 간부 2명을 구속한다.

5일 수서 비리로 구속된 정태수 한보그룹 회장이 집행유예로 석방된다.

8일 전국택시노련 서울지부 간부

진보	통치 계급

한다.

15일 민중당이 당내 좌파 블록에 대해 제명 조치를 내린다.

24일 현대미포조선 파업

9명 연행

9일 전대협 김종식 의장과 하태경 조국통일위원회 연대사업담당 등 전대협 관계자 8명 구속

12일 검찰이 유서 대필 혐의로 구속된 강기훈을 자살방조죄로 기소한다.

15일 정부는 남북한 각계 인사 2천 명이 참가하는 '통일대행진'을 광복절부터 8월 31일까지 공동으로 개최하자고 북한에 제의한다.

16일 북한이 남한 정부의 '통일대행진' 제의를 거부한다.

19일 정부가 '서울지역 대학신문 기자연합'이 북한 지역을 취재하기 위해 낸 북한 주민 접촉 신청을 승인한다.

20일 정부가 쌀 5천 톤을 북한의 시멘트 및 무연탄과 바꾸는 직교역 형태로 북한에 보낸다.

8월

12일~16일 범민족대회 남측추진본부 주도로 경희대에서 '서울범민족대회'가 열린다. 함께 열릴 예정이었던 '남북·해외동포 청년학생축전'은 정부가 불허하면서 무산된다.

12일 '서울지역 대학신문 기자연합'

17일 고려대와 국민대 총학생회장에 대한 사전영장 발부, 전대협 정책위의장 체포

19일 소련 국가비상위원회가 군사 쿠데타를 일으켜 고르바초프 소련 대통령을 축출한다. 쿠데타는 3일 천하로

진보	통치 계급
이 판문점에서 북한 조선학생위원회 대표들과 실무회담을 갖고 방북 취재 문제를 협의한다.	막을 내린다. **24일** 고르바초프 대통령이 당중앙위원회 해체를 촉구하면서 소련 공산당이 해체의 길로 들어선다. **26일** 제파그룹 박성인과 고민택 등 13명 구속 **26일** 유고 내전 전면화

9월

10일 신민당과 민주당이 통합하고 당명은 민주당으로 한다. 김대중 총재의 요구에 따라 선언문에 내각제 반대 내용을 명문화한다. **10일** 민중당이 통합 야당과 민주대연합을 이룰 것을 결의한다.	**9일** 사노맹 사건으로 구속 중인 박노해에게 무기징역이 선고된다. **17일** 서울대 대학원생이 시위대와 대치 중인 파출소 앞을 지나다가 진압 경찰관이 쏜 권총에 맞아 사망한다. **17일** 남북 유엔 동시 가입 **28일** 부시 미국 대통령이 일방적으로 핵 감축을 하겠다고 선언한다.

10월

	4일 북한 김일성 주석 중국 방문 **22일** 4차 남북고위급회담이 평양에서 열린다.

진보	통치 계급

11월

10일 ILO 공대위가 주최하는 전국노동자대회가 열린다.

21일 대구 미문화원 화염병 피습

29일 광주 미문화원 화염병 피습

30일 서울 미문화원 화염병 피습

18일 노태우 대통령이 청와대에서 민중당 이우재 대표와 이재오 사무총장, 장기표 정책위원장 등을 면담한다.

30일 통일교 문선명 교주 일행이 중국을 거쳐 북한을 방문한다.

12월

1일 전국연합 창립 대회

7일 경기남부연합 창립

15일 20개 지역 노동자 대표 241명이 '노정추' 결성대회를 열고 주대환을 위원장으로 뽑는다. 이들은 1992년 2월 초 '한국노동당'을 창당하겠다고 밝힌다.

9일 국제노동기구(ILO)에 한국 가입

13일 남북기본합의서 채택

20일 서울형사지법은 강기훈에게 자살방조죄와 국가보안법 위반 혐의로 징역 3년을 선고한다.

21일 고르바초프 소련 대통령 사임

25일 소련이 공식 해체하고 이후 독립국가연합이라는 새로운 체제로 출범한다.

26일 서사연 사건 유죄 선고

31일 남북은 제5차 남북고위급회담에서 한반도 비핵화 공동선언을 타결한다.

1991년 5월 4일 백골단 전경 해체와 공안통치 종식을 위한 범국민 궐기대회 중에 한국은행 앞에서 대치한 전경과 시위대의 모습.

사진 박용수 · 민주화운동기념사업회

1991년 5월 28일 시위 중 사노맹의 플래카드. 사진 한국일보

1991년 4월 시위 도중 경찰 폭행으로 숨진 명지대생 강경대의 노제 모습.
대형 걸개그림과 영정을 앞세운 운구 행렬은 1991년 5월 18일 연세대를
출발해 공덕동 로터리에서 노제를 마친 뒤 광주로 향했다.
사진 강경대열사추모사업회

1991년 5월 4일 범국민궐기대회 중에 최루탄을 피하는 학생들을 방패 등으로
구타하는 전투경찰. 사진 박용수·민주화운동기념사업회

얼굴 없는 노동자 시인으로 오랫동안 베일 속에 가려져 있던
박노해가 사노맹 사건으로 체포되어 1991년 3월 12일 서울
중부경찰서에서 구속 수감 절차를 밟고 있다. 사진 한국일보

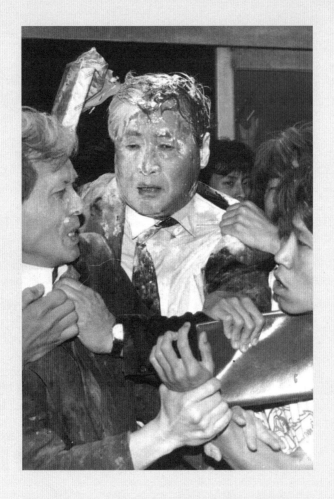

1991년 6월 3일 정원식 국무총리 서리가 취임을 앞두고 한국외대에서
마지막 강의를 마치고 나오다 학생들에게 밀가루와 달걀 세례를 받는
공격을 당했다. 사진 한국일보

노태우 정권의 '유서 대필 사건' 조작 피해자인 강기훈(오른쪽)이
1991년 6월 20일 당시 농성 중이던 명동성당에서 기자회견을 갖고
있다. 사진 한국일보

1990년 2월 8일, 3당 합당으로 이뤄진 민자당의 창당 축하연에서 함께
손을 맞잡고 있는 김영삼(왼쪽부터), 노태우, 김종필. 사진 국가기록원

1990년 12월 14일 소련을 방문한 노태우 대통령과 미하일 고르바초프
소련 대통령이 한소 정상 회담 뒤 크렘린궁에서 악수를 하고 있다.

사진 국가기록원

1991년 11월 18일 노태우 대통령이 민중당 이우재 대표(오른쪽)와 이재오 사무총장, 장기표 정책위원장 등을 청와대로 초청해 접견하고 있다.

사진 국가기록원

1991년 8월 12일 범민족대회가 경찰의 원천 봉쇄를 뚫고 서울 경희대에서
열렸다. 개막식에서 범민련 깃발을 표현한 카드섹션을 펼치는 모습.

사진 박용수 · 민주화운동기념사업회

제5차 남북고위급회담
서울
1991 . 12 . 10 ─ 12 . 13

남북한은 제5차 고위급회담을 통해 1991년 12월 13일 남북기본합의서 (남북사이의 화해와 불가침 및 교류협력에 관한 합의서)에 서명을 하고 이를 발표했다. 사진 문화체육관광부

2부

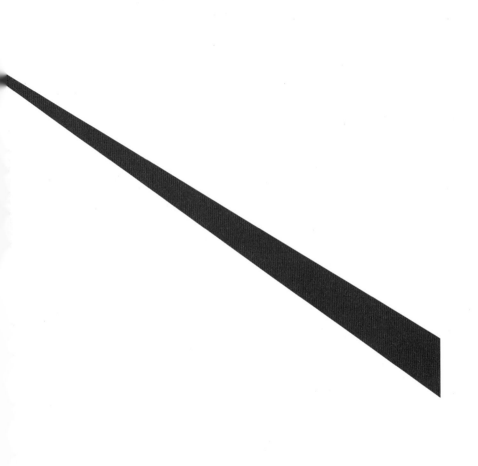

2016년 촛불 항쟁과
'박근혜 없는 박근혜 체제'의 지속

"오래전부터 기획된 것이 아닌가 하는 그런 느낌도 지울 수가 없다"

이 글이 발표될 시점(2017년)에도 박근혜 탄핵과 촛불 항쟁은 완료되지 않고 지속되고 있을 것이다. 개인 박근혜 대통령이 탄핵되어 대통령 자리에서 물러난다고 해도 국면만 전환될 것으로 예측된다. 크게 세 국면으로 나눠볼 수 있는데, 최순실의 '국정 농단'이 불거진 뒤 2016년 12월 9일 박근혜 대통령에 대한 국회의 탄핵소추안이 통과되기까지 1국면, 이후 헌법재판소에서 탄핵 심판이 시작되고 특검 수사가 진행되면서 최종적으로 탄핵 결정이 내려지기까지 2국면, 탄핵 결정이 나온 뒤 대통령 선거로 나아가기까지 3국면으로 나눠 각 시기의 특징을 살펴볼 수 있다. 이렇게 나눠보면 전체 상황과 국면별 차이점을 좀 더 분명히 판단할 수 있을 것이다.

이 글은 그중 1국면을 다시 되짚어보려는 목적을 지닌다. 1국면이 어떻게 시작됐고 어떤 특이점이 있었는지를 세밀히 살펴봐야 2국면, 3국면에서 전개된 일들의 이유와 특징 또한 이해할 수 있기 때문이다.

우선 1국면에 분석의 초점을 맞춘다 할 때 이 글이 주목하려는 것은 그 과정에서 분출된 대중 역량의 여러 가능성에 대한 포괄적 분석은 아님을 밝혀둔다. 새롭게 가능성의 공간이 열린 대중 역량의 자율성에 대해서는 많은 이야기가 있었고 앞으로도 지속적인 논의가 필요할 텐데, 이 글에서는 그보다는 놓치고 지나갈 때 실패의 적지 않은 후과가 발생할 수 있는 문제들을 보완적으로 짚어보려 한다.

2국면이 진행 중이던 2017년 2월 설 직후 박근혜 대통령은 한 보수 인터넷TV와의 인터뷰를 통해 본격적인 반격을 개시했는데 여기서 "그동안 쭉 진행 과정을 추적해보면 뭔가 오래전부터 기획된 것이 아닌가 하는 그런 느낌도 지울 수가 없다"며 억울하다는 주장을 폈다. 그 말이 자기 지지층을 다시 묶어내기 위한 데마고그임은 분명하지만, 여기서 우리는 잠시 대통령을 신속히 코너에 몰아넣은 이 탄핵 국면을 누가, 어떻게 주도해갔는지 되돌아볼 필요가 있다. 기획자까지는 아니더라도 가장 조직적이고 일관된 대응을 보이며 1국면을 주도한 세력은 누구였을까?

1국면을 이해하는 중요한 방법 중 하나는 국회의 탄핵소추안 통과 직전인 2016년 12월 첫 주쯤 각 세력들이 처해 있던 위치를 그에 앞선 6개월 전과 비교해 가장 큰 변화가 일어난 세력을 찾아보는 것이다.

야당은 그다지 변화가 없다. 심지어 야당은 2국면이나 3국면에 가서도 큰 변화가 생기리라 보기 어렵다. 단적으로 말해 탄핵 사건이 발생하지 않았더라도 박근혜 정부의 누적된 실정으로 말미암아 차기 대통령 선거에서 '정권 교체론'은 어렵지 않게 부상했을 것이다.

2012년 대선 정국 이후 조직적 힘을 크게 재점화하지 못한 '좌파' 진영의 위상도 크게 달라지지 않았다. 분열되고, 전체 정세를 잘 분석하지 못하고, 대중 내에서 조직적 역량을 확장하지도, 헤게모니적 힘을 발휘하지도 못하는 상황은 나아지기는커녕 한계점으로 나아가고 있었다.

이에 비해 가장 큰 변신과 변화를 겪은 쪽은 '보수'로 분류되는 세력이었다. 이는 다시 세 범주로 나눌 수 있는데 언론과 검찰, 정치 세력이다. 언론 중 위상이 극적으로 변한 곳은 종편과 보수 일간지다. JTBC는 '영웅'이 됐고 TV조선은 폐업의 위기를 벗어나 촛불집회를 생방송하는 TV로 다시 태어났다. 채널A와 MBN조차 이 분위기에 편승했다. '조중동' 일간지들은 연일 박근혜와 친박을 맹타하는 사설을 내며 '국민의 신문'으로 변모했다. 이 글을 쓰고 있는 시점에 조선일보 사설을 읽어보면 "이 덩치 큰 정당(새누리당)이 마치 천천히 끓는 물 안에 든 물고기처럼 서서히 죽어가고 있는데 어떤 처절한 움직임도 나오지 않고 있다. (…) 지금 보수 진영엔 책임·희생·헌신이 빠져 있고 무책임·이기주의·무능만 남아 있다. 이대로면 몰락은 불가피하다"고 외친다(2017.2.6.).

짖으라면 짖고 물라면 물던 검찰은 권력의 주구 수준에서 급변해 청와대 압수수색에 나서고 박근혜를 피의자로 포함시키며 '국민의 검찰'로 탈바꿈했다. 검찰에서 특검으로 넘어가더라도 이 역시 검찰의 재탄생의 움직임이라는 점에서 차이는 없다.

보수 정치 세력은 크게 내분되어 분당과 대립의 심각한 위기를 겪고 있는데, 바른정당으로 분당해 나온 주도 세력 중 한 명인 유승민 의원은 가는 곳마다 "당신 좌파 아니냐"는 질문을 받는다.

이처럼 대대적 요동이 발생하고 변화가 집중된 곳이 보수 세력이라면 1국면의 '주도자'와 보수 세력이 무관하지 않았을 수 있다는 질문을 던져볼 수 있다.

"정치판을 통째로 흔들거나 모든 것을 내주겠다는 각오"

: 보수 대재편

주목할 사건들은 2016년 10월 들어 집중되지만 여기까지 이르게 된 출발점을 거슬러 올라가 박근혜-최순실 게이트가 급격히 전개된 첫 기폭제를 찾자면, 그보다 6개월 전인 4·13 총선에서 새누

2016년 10월 29일 서울 청계광장에서 열린, 박근혜 대통령 퇴진을 위한 첫 번째 촛불 집회.
사진 Teddy Cross

리당이 참패한 것을 들 수 있다. 친박의 농단이 이른바 '옥새 파동'까지 초래하고 집권 세력 일부에서 권력 사익화의 민낯이 드러나면서 새누리당은 제1당의 지위를 상실한다. 이는 보수 세력 전체에 심각한 위기감을 불러일으켰다.

이에 조선일보로 대표되는 보수 재편 추진 세력은 총선 직후부터 일관되게 경고 메시지를 보냈다. 총선 일주일여 뒤인 4월 21일 조선일보는 사설에서 "여당이 연정·합당 등을 통해 정치판을 통째로 흔들거나 모든 것을 내주겠다는 각오라도 하지 않으면 현재 국면을 풀어내기 어렵다는 점은 자명하다"고 분명한 입장을 드러냈다. 이후 육칠월에 이르기까지 조선일보는 지속적으로 새누리당,

특히 친박을 공격하며 쇄신 요구를 표명했다.

그래도 변화의 조짐이 없자 공격의 범위는 새누리당에서 청와대로 확대되는데 그 시점이 7월 후반이었다. 조선일보는 이후 핵심 쟁점이 되는 청와대 국정 농단 사건에서 두 가지 폭로를 주도한다. 우병우 문제(직권남용)와 미르 및 K스포츠 재단 의혹(비선 실세)이었다. 7월 19일 먼저 조선일보가 넥슨과 연계된 의혹을 내세워 우병우 민정수석에 대한 공격을 개시하고, 7월 26일과 8월 2일 TV조선이 그 논조를 이어받아 각각 미르와 K스포츠 의혹을 터뜨렸다. 여기서 확인되는 핵심 메시지는 생존을 위한 '보수 대재편'이었다.

새누리당의 총선 패배 이후 심각한 위기감을 느낀 보수의 상황 인식은 네 가지로 요약된다. 첫째, 피지배자들의 동요가 심각하며 그로부터 2017년 정권 재창출의 위기가 예상된다. 둘째, 권력 분점 체제의 균열과 권력 사유화의 위기 상황이 나타나고 있다. 청와대가 권력을 독점하고 사유화하는 경향을 심각하게 노정하면서 권력 창출 세력 중 일부가 보수 지배 블록에서 이탈하고 있다. 셋째, 권력 내에 합리적 통제와 개입 체계가 없는 상황은 피지배자들의 동요가 커질 때 심각한 위기를 초래할 수 있다. 넷째, 질서를 유지할 두 축, 즉 공안 기구와 언론에 대한 신뢰 하락이 심각한데 이는 통치의 위기를 낳을 수 있다. 그렇다면 지배 블록 재편과 재결집을 위한 '보수 대개편' 없이 상황을 개선하기는 어렵다는 결론이 나온다.

2012년 대선에서 박근혜를 내세워 보수 집권 연장에 성공한 주축 세력은 크게 넷으로 구분된다. 첫째, 중심에는 재벌이 주축인 대자본가가 있다. 둘째, 폭력과 정보를 독점한 국가기관들이 여기에 결합했는데 특히 정권과 적나라한 밀착 관계를 형성한 검찰과 경찰, 국정원 등이 포진한다. 셋째, 박근혜를 지탱하는 정치 세력이 있는데 직접 청와대에 입성한 보좌 세력과 행정부 구성 세력, 새누리당을 구성한 세력이 여기에 포함된다. 넷째, 이 구도를 지속 가능하게 만든 이데올로그들로 다소 광범한 집단이 포함된다. 그중 두 축이 핵심인데 한 축은 복지라는 담론을 박근혜에게 선사한 지식인 집단(김종인, 이상돈 등), 다른 한 축은 박근혜를 측면 지원하면서 여론을 이끌고 반대 세력을 고립시키는 역할을 맡은 언론으로 '조중동'과 그들이 세운 종편이 핵심이었다.

이렇게 보면 2016년 4·13 총선은 집권 세력에 대한 대중의 이반을 보였을 뿐 아니라 네 집권 연합 내부에서도 심각한 균열이 발생했음을 보였다. 권력의 축이 청와대를 중심으로 친박-TK로 기울고 사유화되면서 집권 세력 중 네 번째 범주가 상당히 밀려나고 세 번째 범주 일부에서도 균열이 나타났다. 상황이 이렇게 전개되면 두 번째와 첫 번째 범주의 일부에서도 이탈이 발생할 조건이 형성된다.

이후 실제 전개된 과정을 다시 회고적으로 정리해보면, 이처럼 보수 내부의 균열이 진행되는 중에 보수 대재편을 추진한 세력들은 청와대 측의 대응에 따라 상이하게 적용할 최소 세 가지 플랜을 갖고 있었던 것으로 보인다. 처음부터 정교히 짜인 구도는 아니더라도 상황에 따라 바뀔 수 있는 기준점은 있었던 것으로 판단된다. 그 때문에 1국면은 '궁정 쿠데타'라는 특징을 다분히 보였던 것이다.[39]

세 시나리오 중 첫 번째 '플랜 A'는 온건한 전략으로 청와대의 인적 쇄신이다. '우병우 제거'라는 조선일보의 분명한 목표가 이를 잘 보여준다(이는 검찰 독립이라는 더 큰 구도를 포괄한다). 이 수준에서 성공하면 청와대 보좌진을 개편하고 이를 기반 삼아 반기문 대망론을 중심으로 2017년 대선을 대비할 수 있다.

그런데 여기서 답이 나오지 않으면 두 번째 좀 더 강도 높은 전략으로 나아가 '플랜 B'를 작동할 수 있다. 이는 보수의 동반 몰락을 막기 위해 분리 작업에 나서는 것이다. 청와대가 주동적으로 자체 개혁에 나설 수 없음을 인정하고 청와대의 취약점을 공개하면서 친박을 고립시켜 대통령을 2선으로 퇴진하게 만드는 방안이다. 이렇게 하면 과정을 관리하고 시간을 벌어 2017년 대선을 장기 대비할 수 있다. 보수 대재편을 자유주의 세력 대재편과 맞물려 진행해 이른바 '제3지대'가 형성될 기반을 마련한다. 이렇게 되면 반친박, 반문 전선을 형성할 수 있다.

세 번째 전략은 두 번째의 정돈된 구도가 실패할 경우에 꺼내들

---

[39] 1국면을 보수 내부의 '궁정 혁명'으로 규정한 대표적 글이 장석준의 칼럼 '〈조선일보〉, 박근혜 도려내고 권력 접수?'(프레시안 2016.10.31.)이다.

마지막 '플랜 C' 카드로 박근혜의 탄핵이나 하야까지 나아가는 구상이다. 상황이 박근혜 하야나 탄핵 정국으로 급진전하면 보수 일부가 이를 오히려 주도할 수도 있다. 목적은 관리된 정치 국면을 형성하는 것인데 퇴진이 4·19가 될 수도, 조용한 궁정 쿠데타가 될 수도 있기 때문이다. 이슈를 가능한 좁히고 성토 대상 또한 단일화하는 게 중요하다. 상황을 개헌 국면으로 전환할 수 있으면 제3지대 형성을 통해 서로 다른 가능성을 동시에 탐색할 수 있다. 관리되는 국면이 되려면 언론과 검찰에 대한 신뢰성 회복이 필수적이다.

이런 구상대로 진행된다면 상황은 조선일보와 검찰이 주연으로 등장하고, JTBC를 조연으로, 한겨레신문과 대중 등을 엑스트라로 만들어갈 수 있을 것이다. 이 국면이 진행되면서 폭로할 정보가 조선일보와 검찰이 이룬 공동 네트워크에 독점될지 안 될지가 중요해지며, 이를 위해서라도 검찰 재건은 중대한 과제가 된다. 설사 플랜이 마음먹은 대로 성공하지 못하더라도 최소한 보수 언론과 검찰 네트워크에 대한 신뢰를 어느 정도 복구하면 이후 정권에 대한 압박 역량을 키울 수 있으므로 그것만으로도 일차적 목표 달성은 할 수 있다.[40]

그런데 이 시기에 이렇게 다소 무리한 보수 대재편 기획이 추진

---

40 이 구상에서 눈여겨볼 것은 우병우 후임으로 최재경이 민정수석으로 임명됐다는 점이다. 조선일보와 최재경의 오래된 '특별한' 관계를 고려하면 최재경의 역할은 처음부터 박근혜 보호가 아니라 검찰 신뢰 복구 쪽에 쏠려 있었다고 볼 수도 있다.

된 배경에는 대안 세력이 무능했다는 점도 중요하다. 박근혜 정부 4년의 기간 동안 야당의 무능함은 심각한 수준이었다. 야당 외 진보 진영과 대중운동은 2015년 11월 민중총궐기에서 볼 수 있듯이 남아 있던 역량을 자기 나름 최대한 쏟아부어 저항했으나 한상균 민주노총 위원장의 구속과 백남기 농민 사건 등에서 나타나듯 탄압을 돌파하는 데 한계가 컸다.

이처럼 대응이 없었던 것은 아니지만 대안 세력은 중대한 두 가지 문제를 드러냈다. 첫째, 자신을 상황의 일부로 포함해 전체 판을 분석하려는 노력이 별로 없었으며, 따라서 전체 판세를 뒤집을 기획 또한 보기 어려웠다. 대체로 많은 조직과 세력은 차려놓은 밥상에 들어가면 된다는 수동적·주관적 태도 이상을 보이지 않았다. 둘째, 여러 정치 세력은 전개되는 판을 대선으로 연결해보면서 자신들이 집권하면 된다는 주장, 또는 이 판세로부터 향후 지방자치단체 선거나 차기 총선으로 나아가기 위한 지지를 얼마나 얻어낼 수 있는가 등의 사고를 넘어서는 노력을 보이지 못했다. 한마디로 광장의 대중들은 신뢰할 만한 세력을 찾기 어려웠다.

이런 상황은 짧게는 2008년 촛불의 '한계'와도 이어지며, 좀 더 길게 보면 1987년 이후 지속되는 질문 속에서 이해해야 할 것이다. 이 과정을 '87 체제'의 수선이나 완성으로 가는 것으로 보기보다는 오히려 '87 체제 수립의 불가능성, 1987년 위기와 그 위기에 대한 자유주의적 포섭의 시도 또는 이후 전개된 보수주의적 포섭의 시도 모두의 실패나 위기'로 규정짓는 것이 더 적절할 것이다. 여기서 확인되는 것은 자유주의 세력과 보수 세력 양자, 더 나아가 양자의 결합(DJP로 상징되는) 모두가 노정한 통치의 위기라는 쟁점이다. 그리고 여기서 대중의 정치적 주체라는 문제, 즉 '민民-주主'라는 문제가 지속적으로 무대 주위를 배회한다.

"어차피 내려놓아야 한다면 상대 의표를 찌를 만큼 선뜻 크게 내려놓아야": 보수의 위기관리 시도

최순실의 태블릿 피시가 공개되어 '국정 농단'이 본격적으로 쟁점이 된 뒤 조선일보가 보인 태도는 흥미롭다. 조선일보는 이 국면을 주도하면서 '보수 대개편'으로 끌어가기 위해 촛불 집회를 지지하면서 방향성을 제시하는 개입을 지속한다.

전체 구도는 중간 지대를 묶는 개헌 구상으로 추진되는데 이는 이미 최순실의 태블릿 피시가 보도되기 한참 전인 2016년 10월 12일 김대중 조선일보 고문의 '개헌 논의가 왜 국론 분열인가'라는 칼럼에서 제시된다.

이어 JTBC가 최순실의 태블릿 피시를 폭로한 직후인 10월 25일 조선일보는 "최순실 손에 대통령 기밀', 말이 안 나온다'는 사설을 싣고 바로 다음 날 '부끄럽다'라는 상징적인 제목의 사설을 싣는다. 이 사설에서 "박대통령은 이 시간 이후로 국내 정치에서 완전히 손을 떼겠다고 선언하고 그 분명한 행동으로 여당을 탈당해야 한다"
는 강한 톤의 주장을 편다. 강도 높은 보수 개편 주장은 지속되어
사설은 '친박, 이제 사라질 때다'(10월 27일), '박대통령 탈당하고 친
박·비박 다 해체해야'(11월 1일) 등으로 이어진다. 이 시점에 조선
일보의 입장은 '질서 있는 퇴진'으로 정해지는데 이는 1. 거국중립
내각 2. 제왕적 대통령제를 고치는 개헌 3. 대통령의 조기 퇴진, 이
셋을 묶는 구도를 의미한다.

김병준 총리가 내정된 직후 나온 11월 3일 사설 '야권의 대통령
하야 주장 위험하고 섣부르다'가 그런 속내를 잘 보여준다. 이 시점
에서 플랜 B의 핵심은 질서 있는 퇴진과 탄핵을 동시에 고려하는
것이고 하야는 플랜 C로 봄을 알 수 있다.

11월 4일에 나온 박근혜 대통령의 2차 담화는 상황을 오히려 악
화시켰다. 상황이 악화됐다고 평가한 조선일보는 11월 7일 사설에
서 '박대통령 국회 추천 총리에 내치 일임 선언하길'이라고, 11월
9일 사설에선 '박대통령 '다 내려놓겠다' 선언하는 게 낫다'고 권고
한다. 이어 11월 12일 민중총궐기에서 처음으로 '100만 촛불 집회'
가 열렸을 때 그날 오전 신문에 강천석 칼럼은 "어차피 내려놓아야
한다면 상대 의표를 찌를 만큼 선뜻 크게 내려놓아야" 한다면서 제
3지대 중심의 개헌이라는 의미심장한 내용을 싣는다.

11월 13일에는 김무성 새누리당 전 대표가 자신은 대선에 불출
마하고 탄핵에 가담하겠다고 선언한다. 이튿날인 11월 14일 조선

일보는 중요한 지침을 발표한다. 이날 사설의 제목이 '검찰의 박대통령 수사 이후 벌어질 중대 정국'이다.

"퇴진이든, 탄핵이든, 거국 총리든 지금 이런 식으로 박대통령 남은 임기 1년여를 보내기는 불가능하다는 공감대가 여야 가릴 것 없이 형성돼가고 있다."

이런 판단을 담은 구체적 지침은 당일 실린 '사면초가 朴대통령 앞에 '네 갈래 길''이라는 기사에 나온다. 여기서 네 갈래 길은 질서 있는 퇴진, 하야, 탄핵, 현상 유지이며 그중 답은 첫째라는 것이다. 같은 날 같은 취지의 네 가지 길에 대한 기사가 중앙일보와 문화일보에도 동시에 실린 것을 보면 대체적으로 보수 컨센서스가 형성됐음을 알 수 있다. 며칠 전과 달라진 것은 질서 있는 퇴진과 탄핵을 구분하고 둘을 시간의 선후 단계로 놓고 있다는 점이다.

11월 후반 조선일보를 중심으로 한 보수는 탄핵보다는 질서 있는 퇴진에 초점을 맞춰 여론을 형성하려고 했다. 야당은 질서 있는 퇴진을 수용하지 않고 '즉각 퇴진'을 요구하면서 탄핵에는 변수가 많다는 이유로 거리를 두는 입장이었다. 입장이 일관되지 않던 야당은 11월 21일 탄핵을 당론으로 결정했다.

그다음 날 나온 김대중 조선일보 고문의 칼럼은 상징적이다. 제목이 '이제 박근혜는 과거다'였다.

"우리는 이 중차대한 시기에 언제까지 박근혜 문제에 매달려 있어야 하나? 비록 그가 명목상 살아남는다고 해도 그는 어제의 박근혜도 아니고 실효적인 대통령도 아니다. (···) 그런 '지나간 대통령'에 대한 국민적 분노 해소를 위해 귀중한 시간을 '촛불'로 지새울 수는 없는 노릇이다. (···) 우리 마음속에서 어제의 박근혜는 이미 죽었다. 이제는 사태를 거리에 방치하지 말고 정치권으로 끌어당겨 거기서 대타협을 했으면 한다."

11월 29일에 나온 박근혜 3차 담화에 보수 개편을 위한 '질서 있는 퇴진' 요구가 부분적으로 담겼지만, 그래도 친박 세력이 중심에 선 시점에 조선일보는 친박과 비박 갈라치기와 질서 있는 퇴진, 두 선택지 사이에서 혼란스러운 태도를 보였다. 결국 상황은 질서 있는 퇴진이 아니라 탄핵 심판으로 귀결됐다.

국회의 탄핵소추안이 12월 9일 가결되기에 앞서 12월 6일 조선일보의 김대중 칼럼은 '훌륭한 '야당'으로 가는 길'이라는 뜻밖의 제목을 내거는데, 요지는 '무능한 야당'이 집권한다고 해서 오래가지는 않을 것으로 예측되므로 새누리당에 '권토중래'할 줄 아는 야당이 되라고 권고하는 것이었다.

2016년 11월 12일에는 서울에서만 백만 인파가 모이는 기념비적인 대항쟁이 벌어졌다.

사진 퇴진행동

'훌륭한 야당으로 가는 길'
: '질서 있는 퇴진'에서 '질서 있는 퇴각'으로

친박 그룹을 제외하면 국회의 탄핵소추안 가결은 각 세력에 나름 '선방'한 결과물을 가져다주었다. 2국면으로 넘어가는 상황에서 각 세력별 대차대조표를 간략히 그려보자.

먼저 가장 큰 이득을 얻은 집단은 야당, 특히 민주당이라고 할 수 있다. 민주당은 1국면과 2국면 모두에서 상황이 대선 국면으로 전환되면 절대적으로 유리하다는 판단하에 시종일관 국면을 읽었다고 할 수 있다. 1국면의 '갈지자 행보'가 2국면에서 '문재인 대세론'으로 덮이는 연결성은 이상한 것이 아니었다. 탄핵의 쟁점을 대선으로 전환함으로써 대선에 유리한 고지를 선점하고 반문 연대 형성을 상당히 제어할 우세를 장악한 것이 민주당으로서는 성과라고 할 수 있다. 성과는 한계의 이면인데, 민주당은 상황에 대한 '책임성'을 묻는 질문에 신뢰를 높이지 못하고 그 대신 '자기 편'을 구획해 얻어내는 손쉬운 길을 찾았다. 또 탄핵 국면에서 구조적 문제를 내세우는 대신 타깃을 개인화하고 두드러진 단계론적 사고를 보였다.

촛불의 주체였던 촛불 민중을 보면, 대중들은 탄핵 국면의 핵심을 '즉각 퇴진'으로 삼으면서 법률 절차인 탄핵과 거리를 두고 '박근혜 체제'라는 구조에 대해 목소리를 높여가고 있었다. 성과를 들자면, 대중의 힘으로 '탄핵'을 관철한 '승리'가 지속되는 경험을 얻고, 새누리당 해체, 재벌 공범, 박근혜 구속, 주권자의 목소리 등으로 쟁점을 확대한 점이다. 촛불 대중의 목소리가 있었기에 퇴진행동(박근혜정권 퇴진 비상국민행동) 내 균열도 어느 정도 저지될 수 있었다. 보수 대재편이라는 정치공학적 구도가 그대로 추진되지 않게 하는 집합적 힘으로 작용했으나 아직까지 한계를 돌파한 것은 아니라고 보이는데, 이슈를 선점한 것은 아니기 때문이다.

참여는 다방면에 걸쳐 있었으나 2국면과 3국면으로 전환될 때 대중들이 버틸 교두보를 확보했는지는 모호하다. 그 한계는 특히 11월 30일에 집중했던 '시민불복종' 추진의 성과나 의미가 탄핵 이후 급속히 소실되는 것으로 나타난다(민주노총의 대응을 포함해). 탄핵 이후 여러 정당이 '집권 중심론'의 한계를 다시 노정하면서 이런 한계가 커졌다. 국면은 탄핵으로 귀결됐지만 탄핵은 본래 대중의 요구는 아니었다. 11월 중순 퇴진행동은 탄핵 반대 입장을 표명하는 문제를 둘러싸고 6시간 가까이 논쟁을 벌인 적도 있다. 야당과 대중들 사이에 있던 정의당이 2국면으로 전환된 다음 '야 3당'으로서의 존재감이 사라진 것도 '즉각 퇴진'이 '탄핵'으로 전환된 국면의 결과였다.

보수 재편 그룹을 보면 이들은 '질서 있는 퇴진'에서 '질서 있는 퇴각'으로 전환할 계기를 마련했다. 1국면을 주도해 2국면에서 질서 있는 퇴각의 조건을 만들어낸 것은 일정한 성과라고 할 수 있다. 폐족이 될 세력을 부활시켜 재편의 기반으로 삼았는데 비박 세력과 보수 언론, 정치 검찰이 대표적 수혜자였다. 이를 바탕으로 야당으로서 차기 정부를 제어할 최소한의 교두보는 확보한 셈이다. 또 개헌과 정계 개편을 위한 밑그림도 띄워놓고 야당의 무능력을 부각할 조건도 마련했다. 그렇지만 한계도 분명한데, 1국면 폭로전의 역량과 효과가 일단 소진되고 나서 2국면 정치 개편으로 들어가면 대안이 불분명해진다. 결국 몇 년 후를 내다보는 장기전에 돌입해야 할 수도 있지만 그 준비는 안 돼 있는 것으로 보인다.

국회에서 탄핵소추안이 가결된 뒤 헌법재판소의 탄핵 최종 심판을 기다리는 시기에 들어서면 1국면과 달라진 특징이 두드러진다. 첫째, 보수 대재편으로 시작된 구상이 유지되기 어려워졌다. 상황이 생각처럼 질서 있게 진행되지 않아서다. 박근혜 대통령의 '질서 있는 퇴진'과 보수 대재편을 기획한 조선일보를 필두로 한 세력은 2국면에 들어서면서 혼란에 빠졌다. 1국면이 '질서 있는 퇴진'이라면 2국면은 '질서 있는 퇴각'이며 그 방향은 '훌륭한 야당'을 준비하는 것이었다. 그렇지만 2국면이 곧바로 대선 국면으로 전환하자 상황이 많이 달라진다.

둘째, 국면이 대선 구도로 전환되면서 야당과 보수는 주권자 정치의 주도성('박근혜 체제 해체'를 목표로 삼는)을 누를 필요를 측면이 다르지만 공유하게 되고 이런 구도가 전체 판세에 영향을 준다. 그리고 여기에 상황에 순응하지 않는 박근혜라는 변수가 작용하면서, 1국면을 주도한 세력이 약세에 처한 2국면을 향후 유리한 3국면으로 전환할 목적으로 이 새로운 변수에 관심을 갖게 된다.

2국면으로 전환하는 중에 두드러진 보수의 변화는 '맞불' 또는 '태극기'로 불리는 탄핵 반대 집회가 규모를 키워가고 주목받는 정치 세력으로 부상했다는 점이다. 새누리당(자유한국당으로 개명)도 여기에 의탁해 힘을 키우고 있는 것으로 보인다. 이 문제는 1국면에서 보인 민주당의 태도와 조선일보의 태도가 2국면과 3국면에 어떤 효과를 미친다는 점에서 주목해둘 필요가 있다. 민주당으로서는 냉전 수구 세력인 맞불 세력을 초기에 고립시킬 기회가 있었다. 보수가 제시한 '질서 있는 퇴진'의 틀 속에서 협상을 통해, 또 탄핵 국면에서 황교안 총리 퇴진이라는 절차를 통해 가능했으나 두 번의 기회를 모두 버렸는데, 이는 '정권 교체'라는 선명한 대립선이 대선의 승리에 도움이 된다고 판단해서다. 그렇지만 이렇게 살려둔 여지가 이후 (예상되는) 집권시에 어떤 부메랑 효과를 가져올지 충분히 대비하고 있는 것은 아니라고 보인다.

이 맞불 세력은 이후 조선일보를 필두로 한 보수 대개편 추진 세력에게도 유리한 거점으로 작용할 것으로 보인다. 조선일보는 탄핵을 찬성했기 때문에 맞불 세력과 처음에는 거리를 두었으나 조금씩 입장을 바꿨다. 처음에는 '맞불=친박'으로 판단해 개편 대상으로 보다가 곧 논평 없이 '객관적'인 보도 태도를 취하고, 한 걸음 더 나아가 '맞불=본래 친구'라는 논지에서 이들을 친박과는 일정하게 분리해 '애국 세력'으로 재규정한 다음 '애정 어린' 권고를 던지기

시작한다.[41]

이를 보면 차기 대선 결과 이후 조선일보가 어떻게 대응할지 예상된다. 조선일보는 바른정당이라는 '쇄신된 보수'를 앞에 내세워 보수 대개편의 입장을 지속할 것으로 보이지만, 차기 집권 세력의 예상된 실정에 대해 공격을 펴나갈 때 유보해둔 '태극기 애국 세력'을 적절히 다시 활용할 것이다.

결국 박근혜 없는 박근혜 체제로

박근혜 탄핵 국면은 한 개인에 대한 폭로와 비난이라는 개인적 측면과 그를 구조적으로 보는 구도 양자가 혼란스럽게 섞여 있었다.

주도권이 1국면에서 촛불 집회에서 검찰로 옮겨가고 2국면에서 거의 전적으로 특검과 헌법재판소로 이동하면서 개인 비리 문제는 좀 더 부각된다. 물론 이재용으로 대표되는 재벌 문제가 여전히 상존하기는 하지만 그 해결 또한 '공권력'으로 재집중되는 것은 어쩔 수 없다.

앞서 이야기했듯 박근혜 탄핵 국면은 보수 집권 세력 내부의 균열로부터 시작된 것인데, 그렇다면 이 국면을 끌고 가는 구도 중에는 집권 구도 자체는 흔들지 않고 박근혜와 측근들만 솎아내려는

---

41 최보식 '태극기 군중이 놓치고 있는 것은'(조선일보 2017.2.3.)

의도 또한 개입되어 있음을 부정하기 어렵다. 따라서 촛불 대중에게는 이런 보수 대개편의 의도뿐 아니라 민주당 중심으로 편성된 대선 승리라는 구도까지 뚫고 박근혜 '체제'라는 문제를 얼마나 제기할 수 있을지가 시종일관 관심사였다.

'박근혜 체제'는 다섯 가지 구도를 갖고 있다. 이는 재벌 체제, 공안 통치 체제, 금수저·흙수저로 대변되는 계급 양극화 또는 부익부 빈익빈 체제, 한반도를 위기에 내몰고 북한 위협에 기대어 체제를 유지하는 평화 위협 체제, 민중을 '개돼지'로밖에 보지 않는 굴종과 억압 체제였다.[42]

백만 촛불과 탄핵을 경험하면서 대중은 삶 속에서 '피억압자의 존엄(위엄)'을 확인하고 '대체 불가능성'으로서 주체의 자리를 확인하게 됐다. 그렇지만 헌법재판소가 탄핵을 결정하고 3국면이 진전됐을 때 과연 박근혜와 더불어 그를 지탱한 '박근혜 체제'까지 함께 사라질지는 의문스럽다.

이것이 1국면을 보수 대개편이라는 구상을 중심으로 분석한 이유다. 1국면에서 이런 보수의 시도에 대응한 세력 대부분은 상황에 대한 주관적 판단만 갖고 아전인수격으로 해석하고 대응하는 것 이상으로 나아가지 못했다. 되돌아보면 1국면의 특이성은 대중들이 언제, 무엇에 대해 분노할지에 대해 그 지점과 강도까지 일부

---

42 사회진보연대, '5대 박근혜 체제를 해체하자'(2016.11.19.)

언론들이 지시했다는 데 있다. JTBC는 최순실의 태블릿 피시를 폭로하면서 1국면의 이슈를 주도했는데, 자세히 살펴보면 늘 구도가 '신상 털기' 위주의 폭로나 관음증이라는 특성을 보이며 체제나 구조의 문제는 피해갔음을 알 수 있다. 이는 SNS와 맞물려 '증오'의 '시너지 효과'를 낳기 쉬운 구도임을 부정하기 어렵다. 새로운 분노의 소재와 거기에 부을 기름은 언론 매체들이, 그다음 수순에는 검찰이 독점적으로 제공했다.

그러면서 대중들이 각자 존재하는 공간에 다양하게 퍼져 있는 국지적 정치는 전체적 정치의 구도로 확장하거나 접속하기보다는 분산돼 흩어지는 효과 속에 머물기 십상이었다. 누적된 분노와 거기에 토대한 정념이 정치를 추동하는 동력을 주고 있지만, 그것이 다른 차원으로, 예컨대 대중이 주도하는 여러 '권리'와 존엄의 문제로 확대될 수 있는지는 여전히 문제였다. 백만 촛불에서 경험한 대중의 다양한 자율적 해방감이 또다시 제도화된 대통령 선거라는 좁은 선택지로 대체될 수 있어서다. 탄핵은 결국 '질서 있는 퇴진'의 또 다른 판본임이 입증됐는데, 백만 촛불의 요구를 정치공학화하는 상황이 전개되면 정치의 주체라는 의미에서 '민-주'의 질문은 다시 뒤로 물러나게 된다.

'박근혜 체제'의 해체가 야당 대통령 선출로 달성될 수 있다고 믿는 사람은 별로 없을 텐데, 그럼 스스로 그것을 어떻게 가능하게 만들 수 있을지 고민하는 무력감은 1국면 후반부에 '시민 불복종'

이나 '시민 저항'의 쟁점이 점화됐다 소실된 과정과 무관하지 않다. 그렇게 되면 이 틈새에서 형성되는 불안 또는 무질서에 대한 공포는 열린 해방의 공간을 빠르게 닫아 거는 압력이 될 수도 있다.

아직까지 의미 있게 남은 거의 유일한 대중운동 조직인 민주노총이 대선 후보 전술에 집중하는 대신 또는 그와 병행해, 시민 불복종을 아래로부터 조직하는 노력에 기초해 헌법적 원리를 담는 '사회헌장' 선언—박근혜 체제 지양이자 시민 권리 선언으로서—을 주도하고 거기에 대해 각 정치 집단들의 입장 표명을 압박하는 운동은 불가능했을까? 11월 30일 시민 불복종의 날을 추진한 힘이 12월 9일 탄핵소추안이 가결돼 '보수의 아성'인 헌법재판소가 법률적 절차인 탄핵 심판을 준비하는 것으로 귀결되지 않고 다른 돌파점을 찾아갈 수는 없었을까?

이런 점들을 놓고 보면 2016년은 2008년에 비해 분명 진화했지만 그렇다고 2008년의 한계를 확실히 돌파했는지는 아직 알 수 없다. '정권 교체'는 이뤄질 수 있겠지만 조기 대선 이후 전개될 일이년 혼란의 시간을 앞당겨 예상해본다면 나아갈 길은 아직 멀어 보인다.

2008년 촛불의 한계점에서 나는 이렇게 쓴 적이 있다.

"대중에 대한 상찬으로 가득 찬 이론적 낙관주의는 결국 대중 스스로를 환상에 빠져들게 하고 정세의 엄혹함을 회피하게 만드는 알리바이에 불과할 수 있다. 더욱이 정세에 대한 잘못된 판단에 기초해, 절망 속의 대중들이 표출하는 탈정치화의 전망을 대중적 봉기로 오해해서는 안 되는 시점에 등장하는 이론적 오해는 대중에게 독이 될 뿐이다."

그때로부터 확실히 더 앞으로 나아갔나?

(2017년 4월)

후기
: 다시 읽어보니

당시 나는 한국 사회운동의 상황을 2012년 이후 비관적으로 보고 있었다. 야당인 민주당의 무능함은 오래됐고 진보운동 세력의 방향 상실 또한 오래됐으며, 2012년 말 대통령 선거에서 나온 그들의 무원칙적이고 무조직적인 대응은 사회운동 세력 내에 관념적 급진주의를, 그리고 현실 정세에 대한 분석 역량의 쇠퇴를 불러왔다.

그 후 5년은 지속적 하락의 시기였다고 보인다. 대중들의 분노가 누적되는데도 대응의 무능력은 회복되지 않았다. 그 5년을 지나며 야당의 무기력과 무능력은 여당보다, 때로는 여당 이상으로 분노를 일으키는 이유가 됐다.

2016년 봄 이런 상황이 갑자기 바뀐 듯이 보였다. 집권 여당인 새누리당 내부에서 분열이 시작됐고 앞서 박근혜 체제 수립에 참여했던 핵심 지식인 세력부터 결별을 선언했다. 그 균열을 상징한 것은 박근혜 당선의 공헌자 중 한 사람이던 김종인이 민주당의 비대위원장을 맡아 민주당 내 비자유주의적 구세력을 정리하는 방식으로 그해 4·13 선거를 승리로 이끈 모습이었다.

이후 집권 세력의 균열은 더욱 속도가 붙었고 체제의 핵심이었던 보수 언론의 일부가 잇따라 이탈해 체제 재건을 위한 대폭 개혁을 요구하고 나섰다. TV조선과 조선일보는 2016년 여름에서 가을로 가는 과정에서 청와대 비리와 정권 실세를 폭로하면서 여론의 방향을 전환하는 핵심 축으로 부상했다.

하지만 민정수석 우병우 문제와 미르·K스포츠 재단 의혹, 이어서 권력 실세가 폭로되는 과정에서 진보 세력과 야당은 여전히 무력함을 벗어나지 못했다(한겨레가 이진동 TV조선 부장이 깔아둔 길을 따라간 결과 '최순실' 특종을 터뜨리기는 했지만). 다만 2015년 11월 민중총궐기 대회를 주도했던 한상균 지도부하의 민주노총은 백남기 농민 사망에 대한 책임을 두고 투쟁을 지속하면서 한 가닥 투쟁 역량을 끌고 가고 있던 상황이었다.

그러던 상황이 10월 들어 갑자기 이어진 폭로에 올라타 급변한 듯 보였다. 갑자기 민중들의 역량이 고조되고, 야당이 투쟁력을 회복하고, 사회운동 세력이 연대와 저항의 역량을 되찾은 듯 보였다.

그러나 그 시점에 촛불에 참여하게 될 모든 세력의 대응 논리나 상황 분석을 일별해본 뒤 나는 오히려 절망감이 커졌다. 당시 정의

당이나 민주노총을 포함한 어떤 사회운동 세력도 상황에 대한 포괄적 분석, 특히 통치 계급의 내부 분열과 그로부터 전개되는 통치의 위기와 수습의 내적 시도에 대해 조금도 관심이 없다는 것을 발견했기 때문이다.

5년간 운동이 퇴조한 결과는 단지 무기력과 무능력으로만 나타난 것이 아니라 주관주의적 상황 인식과 의지주의만을 남긴 '객관적 정세 분석과 인식 역량의 붕괴'를 낳은 것으로 확인됐다. 사태가 통치 계급의 내적 분열로 시작해 초기 국면에서 '궁정 쿠데타'의 특징을 보이고, 모든 폭로를 보수 언론이 주도하고 조율하고 있으며, 사건 해결의 열쇠는 검찰과 특검이 쥐고 있다는 것이 전혀 문제로 인식되지 않았다.

이처럼 무력한 상황 분석 역량과는 대조적으로 의지의 과잉, 운동 주체들과 '대중의 집단 지성'으로 모든 난관을 돌파해 궁극적 승리를 달성할 수 있다는 신화는 점점 더 커져갔다. 촛불이 한 번씩 반복될수록 의지는 커지고, 광화문에 더 많은 사람이 모이고 전국 각지에서 수백만 사람들이 모이면 모든 문제가 해결될 수 있다는 신화는 커지는 듯 보였다.

그 시점에 나는 2008년 촛불의 '기시감'을 느끼고 2008년 당시 썼던 짤막한 논평을 다시 되새기게 됐다. 해방으로 나아가지 못하고 축제에 머문 한계, 그리고 그런 점에서 1987~1991년 해방을 향해 나아가려는 작지만 의미 있는 시도가 결합되어 있던 때와는 너무 대조적이었던 그 촛불 말이다.

분석의 부재와 의지의 과잉이 초래할 위험을 보면서 나는 2012년 말 이후 정세 인식의 무책임함을 비판하면서 몇 년간 거리를 두었던 한 사회운동 단체와 다시 관계를 맺고 가능한 한 조금이라도 정세의 위험성을 더 넓은 범위에서 공유하고 다른 대응을 시도해보려 했다. 그래서 이쪽 이편의 '주체의 의지'보다 저쪽 저편의 '통치 구도의 미묘한 변화' 분석에 초점을 맞춰, 매일 모여 정세 상황을 분석하고 대응을 강구하며 사회적 목소리를 내고 헛된 신화를 증폭시키는 것을 막아보려는 시도를 그해 11월과 12월 두 달간 집중적으로 했었다.

목표는 두 가지였는데, 우선 대중들의 절망 속 외침을 승리의 환호로 오해하지 않으면서 통치 구도의 균열과 재편을 분석해 대응을 모색하는 것이었다. 그리고 이미 짧게는 5년, 길게는 10여 년간 연대의 공동 대응도 거의 무너지고 자체 영향력도 약화한 한 사회운동 조직으로서 역량의 한계를 인식하고, 자기 자신은 정세의 '외부'라는 착각에서 벗어나 사회운동 조직이 운동의 일부임을 매일의 실천 속에서 확인하는 일종의 훈련을 해볼 수 있다고 생각했다. 영향력이 약하므로 잘못 판단한 시도를 하더라도 시행착오의 대가가 아직은 그리 크지 않다고 말하면서.

1년 전 민중총궐기를 이끌어 불씨를 살렸던 민주노총은 2016년 11월 12일 다시 민중총궐기를 주도해 100만 촛불을 달성하는 데 가장 중요한 기여를 하고도 조합원이 '조끼'를 벗고야 촛불에 참여할 수 있었다. 우리는 그런 상황을 반성하고 민주노총이 관성적으로 대선 방침 쪽으로 대응을 쉽게 전환하려는 모습을 비판하면서 이를 바꾸기 위해 짧은 시도도 해보려 했다. '주권자'가 쟁점이 되던 시점에 민주노총이 '사회헌장' 운동 쪽으로 대대적으로 전환해 대체 우리는 어떤 나라에 살고 싶은지 같은 논의를 주도하며 사상 논쟁을 재개해볼 만한 여지가 없는 것은 아니라고 생각했다. 그게 민주노총이 존경할 만한 사회운동 조직으로서 미래를 향해 나아갈 유일한 돌파구로 보였다.

그렇지만 관성은 강하고 변화는 어려웠다. 다만 미묘한 파장을 불러일으켜 11월 30일 '전국 총파업의 날'로 계획되었던 민주노총의 방침이 '시민 불복종의 날'로 전환되는 효과 정도는 남았다. 그리고 그 후 잘 알다시피 민주노총은 이익단체 이상의 틀을 벗어날 수 없었다.

그 시기 나는 촛불에 대한 토론에도 몇 차례 참여하고 의지주의적 판단을 주도하는 지식인들과 충돌하기도 했다. 그들은 내게 "대중을 가르치려 든다"면서 "대중의 위대함을 무시하는 지식인주의"라는 비난을 쉽게 입에 담았다.

그로부터 내가 내린 결론은 '지식인은 지식인과 싸우지 대중과 싸우지 않는다'는 것이었다. 항상 어떤 지식인은 자신이 대중을 독점한 것처럼 자임하는 자세로 다른 지식인을 비난하는데 거기서 확인되는 것은 대부분 분석의 무능력을 의지주의에 위탁한 것일 뿐이었다. 지식인에게 분석의 나태함은 용서받을 수 없다는 사실이 확인될 뿐인데, 그런 나태함을 숨긴 지식인은 대중의 실패가 반복되더라도 언제나 준비된 대답, '대중은 곤경을 이겨내고 결국 승리로 나아갈 것'이라는 말을 마련해 되풀이할 뿐이다.

그래서 우리에게 필요한 것은 이론적 비관주의라는 결론에 확신이 커졌다. 이론적 비관주의는 분석에 실패하더라도 그에 대한 책임만 지면 될 뿐이고, 사람들이 분석에 도움을 받아 어려움을 돌파할 수 있으면 거기서 만족을 얻으면 될 뿐이기 때문이다.

이 글의 결론이 비관적 전망으로 끝난 것은 촛불의 성과를 날로 채간 민주당의 등장에 대한 우려 때문이었다. 촛불 1국면 시기에 광화문에서 언제나 "꺼져"라고 비난받던 민주당과 문재인 대표가 국면이 전환되면서 결국 '촛불 정부'를 자임하는 식으로 끝난 것이 촛불의 희화화라고 할 수 있다. 그리고 이는 되풀이되는 일이었다.

예견되는 일이 현실이 된다고 해서 그 씁쓸함에 면역되는 것은 아니다. 그렇지만 그런 일들이 늘 되풀이되고 씁쓸함이 절망이 되고 절망이 집단적 분노로 돌아서지 않게 분석과 반성의 노력은 더욱더 많이 시도돼야 한다. 분석은 촛불 이후 시기부터 2022년 대선까지에 대해서도 면밀히 지속돼야 하며 이 또한 '통치'에 초점을 맞춰 진행돼야 하지 '우리 정권'이나 '촛불 정부' 같은 식으로 진행돼서는 아무런 성과도 거둘 수 없을 것이다. 이 글은 이런 분석과 반성을 위해 촛불 시기에 대해 전혀 다른 관점에서 남긴 기록으로 읽혔으면 한다.

그리고 당시 나 자신의 상황을 다시 돌아보면 전년인 2015년 재직 중이던 중앙대에서 벌어진 싸움에 개입했던 경험이 중요했던 것 같다. 중앙대는 두산그룹에 인수된 것이나 다를 바 없었고 그룹 회장 출신인 학교 이사장이 전권을 휘두르고 있던 상태였다. 2015년 2월 말 학교 이사장이 모든 학과를 동시에 폐지하고 단과대별로 정원을 모집하겠다는 급진적 개혁안을 일방적으로 밀어붙이면서 심각한 전면적 싸움이 벌어졌다. 두산이 학교를 인수한 뒤 2011~2012년 교수협의회의 직책을 맡아 법인이 학교를 완전히 장악하지 못하게 싸운 적도 있었는데, 2015년 상황은 전면적으로 대응하지 않고는 돌파가 어려운 상황이었다.

학생들도 우호적이지 않고 교수들의 조직도 취약한 조건하에서 당시에 '교수대표 비상대책위원회'라는 이름을 내걸고 단 7명 교수가 중심이 되어 두 달가량 집중적으로 싸움을 해나갔고 우리 스스로 "사립대 역사상 가장 영웅적 투쟁"이라고 자평한 성과를 얻었다. 꼭 이 일 때문은 아니었지만 이사장은 사퇴했다. 본부 보직교수들도 전원 사퇴하고 총장도 한 학기 더 버틴 뒤 사퇴했지만 대응을 주도한 교수들은 어떤 피해도 입지 않았다.

이때 싸움에서 몇 가지 원칙을 확인했었는데, 싸움은 자기 역량의 한계를 인식하는 데서 출발해야 하며, 정세의 새로운 분석과 매일매일 새로운 대응책의 발명이고, 시간의 흐름을 읽고 시간에 올라타는 역량이며, 상대 세력을 활용해 뒤집을 역량을 찾는 것이라는 점 등이다.[43] 그렇다고 해서 대단한 것을 얻은 게 아니고 최소한의 현상 유지를 지켜낸 것이다. 현상 유지를 위해 얼마나 많은 것을 건드리고 흔들어야 하는지 경험해보지 않고는 교훈을 얻기 힘들다. 이론적 비관주의는 실천의 단기적 한계가 거기까지일 수밖에 없음을 정확히 인식하는 능력이기도 하다.

---

[43] 당시 상황을 한 편의 논문 기록(강석남 · 백승욱, '기업식 대학 구조조정 추진의 균열과 대학 구성원의 저항: A사립대학 사례를 중심으로' 〈기억과 전망〉 44호, 10~58쪽)으로 정리하고 백서(〈중앙대학교 학문자율성 및 교권 수호 활동 백서: 2015~2017〉)도 남겼다.

2008년, 경계를 넘어선 연대로 나아가지 못한 촛불

촛불은 어디서 멈추었나?

2008년 5월부터 광우병 위험 미국 소고기 수입을 반대하며 시작된 촛불 집회는 6월 초 정점에 이른 뒤 국면 전환을 맞았다. '명박산성' 뒤에 숨어 눈이 더 내리기를 기다리다 눈을 쓸겠다고 공언한 지배 블록은 촛불 집회에 참여한 대중들에 대한 공식 대응은 중단하고 마치 스스로 존재하지 않는 듯한 제스처를 취하면서도, 대중 집회가 한 단계 더 고양돼 발전되는 것은 지속적으로 막아왔다.

모든 목소리가 표출되고 모든 가능성이 열리는 것 같던 촛불 집회 또한 7월이 되자 뭔가에 막힌 듯 더는 앞으로 나아가지 못하고 '우리는 이미 승리했다'라는 자족적 분위기에 젖어 서서히 소강과

산개의 국면에 접어들었다.[44] 그러고는 본격적으로 상황은 반전되어 눈이 그치기를 기다리던 세력들이 전면에 등장해 '눈 쓸기' 작업을 본격적으로 시작했다. 눈뿐 아니라 이참에 걸리적거리던 많은 장애물까지 함께 쓸어 담아 제거해나갔다.

촛불 집회는 분명 누적된 신자유주의적 전환에 대한 불만, 그리고 신자유주의적 변화를 강력히 추동하면서도 대중의 삶이 처한 위험에는 무기력한 신자유주의 국가에 대한 반발 요소들을 담고 있었다. '불안'은 그 요소들을 서로 연결하고 폭발성을 키우는 핵심 계기였다. 형태가 다른 불안들은 고용, 교육, 생태, 의료 등 어디서나 계기만 생기면 적지 않은 공포에 몰려 분출될 수 있었고, 각각은 서로 반드시 연결돼 있지는 않았지만 그렇다고 서로 연관성이 없던 것도 아니었다. 삶에 대한 총체적 불안의 가장 두드러지면서도 단순한 고리로서 광우병 위험은 불안에 불을 지피는 쟁점이 됐다.

여기에 덧붙여 헌정적 위기의 요소들, 특히 '1987년 정세의 자유주의적 포섭과 그 균열'이라 부를 수 있는 상황의 귀결들, 한국 사회에서 늘 문제였지만 문제로 부각된 적조차 없는 '인민 주권'이라는 사안의 아주 단초적 계기들 또한 불만들 속에 녹아 부분부분 머리를 내밀기도 했다. 1987년 이후 지속된 자유주의적 개혁의 실체

---

44 촛불 집회에 대한 주요한 견해들에 대해서는 권지희 외, 〈촛불이 민주주의다〉(해피스토로, 2008)와 〈문화과학〉 2008년 가을호의 특집 '2008 촛불 집회', 그리고 참세상의 게시판 등을 참조

2008년 5월17일 서울 광화문 청계
광장에서 열린 미국 쇠고기 수입
반대 촛불 문화제.
사진 이치열

가 신자유주의와 다를 바 없었기에 불가피하게 나타난 자유주의
세력의 자기 몰락, 그리고 자유주의와 공조한 NGO 운동의 급속한
위상 하락, 제도화된 민중운동들의 대표성 상실 등이 대중의 저항
을 복잡하게 얽혀 있는 방식으로 표출해낸 배경이었다. 촛불 집회
가 때로는 아주 사소하고 일상적인 이야기들에서 시작한 듯 보이
면서도, 그것이 계속 진척될수록 스스로 감당할 수 없을 만큼 나갈
수도 있다는 예감을 주었던 것은 이런 상이한 요소들이 혼재된 데
서 기인한다.

　여기에 기존 운동들의 위기 또한 결합했다. 신자유주의적 재편

을 주도해온 자유주의 정당의 무력화는 말할 것도 없고, 정확한 논쟁점을 동반하지 않은(토론을 위한 문건을 남기지도, 적절한 정치적 효과를 동반하지도 않았다는 점에서) 민주노동당의 분당 사태도 많이 거론되는 일이다. '기존 정치'로 표현되는 제도권 정치와 더불어 사회운동의 위기는 매우 포괄적인 것이었다. 촛불 집회가 매우 적절한 돌파점과 비판점을 제시할 수 있었으면서도, 모든 것을 한데 휩쓸어 비성찰적 비난과 무기력의 쓰레기통 속에 운동의 성과를 던져버릴 위험성도 담고 있었던 것은 이런 상황과 연관이 있다.

기존 '운동권'으로 표상되는 제도화된 '좌파'들에게 제기된 비판 중 하나는 신자유주의가 삶을 파탄내고 있는 중에 그것을 '구조'로 환원해 설명하려는 시도에 머물지 않았는지 하는 것일 텐데, 물론 '원인'에 대한 운동 없이 문제를 해결할 수는 없지만 결과에 대한 개입 없이 원인으로 운동이 전개되는 것은 아니라는 비판을 수긍해야 하는 것은 아닌지 하는 문제가 남아 있었다.

'안전' 대 '불안전'이라는 선이 그어지는 상황에서 NGO라는 '시민운동권'은 말할 것도 없고, 민주노총으로 상징되는 제도화한 운동 세력들이 그렇게 그어진 선의 어느 쪽에 서 있는 것으로 보이는지 또한 중요한 문제가 되는 상황이었다.

촛불 집회는 자신과 관련해 수많은 담론, 특히 찬양 담론을 낳았다. '대중 지성', '새로운 주체의 탄생', '웹 2.0 세대' 등등. 촛불은 새로운 사회운동의 모범으로, 역사적인 사건으로, 1968 혁명에 비견될 사건으로 추앙받았다. 그런데 촛불 집회는 이후 너무나 급격히 소강상태에 접어들었다. 어찌 된 일인가? 그리고 촛불의 역사적 계기는 어디로 이어지고 있나? 때가 되면 그 긍정성이 다시 나타나리라고 기대하면 되나?

불만과 불안이 선을 넘지 못하는 이유

앞서 이야기했듯이 촛불 집회의 배경에는 수많은 불안에 대한 공포가 자리 잡고 있었다. 누구나 인정하는 것이지만 사람들이 광우병 소고기의 위협 때문에만 거리로 쏟아져 나온 것은 아니고, 신자유주의가 낳은 불안과 불만에 대한 목소리가 집회의 중요한 배경 요소를 이루고 있었던 것이 사실이다. 그렇게 많은 요소가 병렬적으로 존재하고 있었다. 그래서 '1+5'라는, 광우병을 넘어 5대 과제(교육 자율화, 대운하 건설, 공기업 민영화, 물 사유화, 공영방송 장악 기도에 대한 반대)에 대한 요구가 제출될 수 있었고, 촛불 집회의 대중은 신자유주의를 반대하는 대중이기도 했다는 주장이 제기될 수 있다.

그런데도 분명한 사실은 그 불안과 불만들이 광우병 문제와 병렬적으로 나열돼 있었다는 것이다. 그것들이 접합되거나 또는 그것들이 하나의 공통된 비판 담론으로, 신자유주의 반대 담론으로 구성된 적은 없었다. 즉 미국과의 소고기 재협상 요구, 더 나아가 이

명박 반대라는 구호가 등장했다고 해서 반신자유주의라는 경계를 분명히 넘어선 내용과 형식이 만들어진 것은 아니었다.

불만의 표출은 그것의 고리를 정확히 잡지 않더라도 가능할 수 있다. 그러나 불만이 세력 관계의 변화를 일으키거나 기존 구조의 변화를 가져오려면 정확한 정세적 결절점을 포착하지 않고는 불가능하다. 불만 표출이 곧 저항은 아니며 더더욱 세력의 역전은 아니다. 촛불 집회의 핵심 요구는 광우병 위험 쇠고기 수입 재협상이었는데, 그것이 과연 불만을 집약해 신자유주의 반대로 결집할 고리가 될 수는 없었다. 매우 단순하고 분명하고 그래서 강렬한 요구였지만, 그만큼 다른 요구들과 절합되고 연대할 조건을 갖추고 있지는 않았다.

그래서 요구와 불만들은 처음부터 끝까지 병렬되어 있었고 그런 상태를 넘어서지 못했다. 촛불 집회의 전개 과정에서 놀라운 점은 그토록 많은 사람이 거리에 나올 수 있었던 점이 아니라, 어떻게 그렇게 많은 사람이 거리에 나와 저항을 했는데도 신자유주의를 반대하는 어떤 담론도 체계적으로 형성되지 못했는가 하는 점이었다.

더불어 지적할 수 있는 것은 조롱과 풍자가 운동의 전개 과정에서 중요한 동력이 되기는 했지만 그 이상으로 운동을 나아가게 하는 데는 어려움이 컸다는 점이다. 조롱과 풍자는 권력에 대한 두려움의 수위를 낮추고 대중을 전진시키는 계기가 될 수 있지만 그 자체로 비판도 전복도 아니며 때로는 더한층 진척을 가로막을 수도 있는 것이다. 조롱과 풍자의 시점을 지난 뒤, 국가 권력은 무엇보다 억압적 장치라는 점, 권력의 기반은 절대적으로 폭력의 독점 위에서 있다는 점이 점점 더 적나라하게 확인됐다.

경계를 넘어선 연대로 나아가지 못한 운동

촛불 집회가 가장 고양됐던 6월 초의 시기에 필자는 그 운동의 유의미성을 인정하면서도 이런 문제를 제기한 바 있다.

촛불 집회는 아직 넘어서야 할 수많은 경계들이 있고, 이 경계들을 넘어설 때 비로소 연대의 조건을, 그리고 해방적 주체의 탄생이 가능한 조건들을 만들어낼 수 있다. 앞서 말했듯이 대중들이 느끼는 분할선이 '안전' 대 '불안전'이라면, 거기에 연대하기 시작하는 고리도 마찬가지다. 지금 한국 사회에서 가장 '불안전한' 지위에 놓인 사람들이 누구인가. 비정규직, 그리고 그만큼 또는 그보다 더한 정도로 (불안전한) 이주노동자다. 그럼, 촛불 집회의 목표는 그 참석자들이 '우리는 모두 비정규직이다' 그리고 '우리는 모두 이주노동자다'라고 선언할 때 그 목적을 달성할 수 있다. (…) 자신이 처한 삶의 불안전함에서 출발해 연대해 공동의 싸움을 해나가지 않을 때 자신이 거리에 나온 이유인 자신의 삶에서 느끼는 불안전함도 극복될 수 없음을 발견할 수 있을 것이다. 타인의 해방의 조건이 자신의 해방의 조건이 된다는 오래된 평범한 구호를 다시 확인하게 되는 것이다. 그러지 않고, 경계를 넘어서려는 고민스러움이 없는 단순한 축제에 머물려 할 때, 해방의 계기는 오지 않을 것이다. 해방의 계기는 고통스러운 자기 전화의 과정이고, 그런 점에서 이데올로기적인 당연함의 경계를 뒤흔드는 것이다.[45]

촛불 집회에서 가장 경계할 것은 집회가 축제가 되어 카타르시스로 끝나는 일이었다. 축제로 끝난다는 것은 집회에 참여하는 대중들이 이미 머물러 있던 경계들을 그대로 보존하고 지키면서 불만만 표출하는 차원에 머문다는 의미다. 경계를 넘어서는 것이 중요한 이유는 그런 자기 한계들을 넘어 앞으로 나아가야 하기 때문인데, 그러려면 끊임없이 현재 자기의 존재 조건에 대한 의심에서 출발해 경계를 넘어서기 위해 스스로 경계가 돼야 하는 과정이 필요하다.

경계를 넘어서는 일은 크게 두 가지 쟁점과 관련된다. 하나는 '헌정적 위기의 요소들'을 보편적 권리를 쟁취하기 위한 계기로, 다시 말해 '권리들에 대한 권리'로 보편적으로 확대해낼 수 있는가, 그런 쟁점을 형성해낼 수 있는가 하는 문제다. 2008년이 끊임없이

---

45 백승욱, '촛불문화제 넘어 대중적 정치주체의 탄생을 향해'(사회진보연대 2008.6.9.). 이 글은 본래 사회진보연대 내부 토론을 위해 회원게시판에 게재한 글이다. 그 축약본으로 백승욱, '촛불의 광장을 대중적 정치주체 탄생의 공간으로: 촛불 집회에서 넘어서야 할 수많은 경계'(참세상 2008.6.24.)를 보라.

1987년과 오버랩되는 것은, 1987년에 잃어버린 그런 계기들을 되찾아 한계까지 밀고 가는 문제가 남아 있기 때문이었다.

다른 한편에서는 전면적 상품화를 저지하는 노력이라는 쟁점이 있다. 모든 것을 상품화하는 신자유주의에 대한 불안이 스스로를 더 상품화하는 것과 결합할지, 아니면 상품화에 대한 반대와 결합할지는 풀어야 할 과제로 남아 있었다. 신자유주의는 극단적인 상품화의 동학을 작동시킴으로써 개인들의 삶을 피폐화하지만, 개인들은 자신의 상품적 가치를 더 높임으로써만 위기로부터 벗어날수 있다는 환상에 사로잡히면서 이로부터 벗어날 돌파구이자 해결책을 찾아낼 수도 있다. 촛불 집회는 그 모호한 경계선 위에 서 있는 개인들을 광장으로 불러냈다. 아울러 촛불 집회를 마치고 집으로 다시 돌아가는('현장'도 그 어떤 '공동체'도 아니라 '집'으로 돌아간다) 개인들은 '모호한 반신자유주의의 감성'과 '개별화된 주체들에게 현실로 작동하는 구체적인 신자유주의 논리' 사이에서 양가성의 괴리를 극복하지 못한 채 그 해결을 각자의 선택으로 남겼다.

광장에 나와 있을 때 경계들은 다소 흐려진 듯했지만 어디서도 구체적으로 그 경계들이 무너진 곳은 없었다. 그래서 그 경계들이 약화돼 거둘 수 있는 적어도 세 가지 효과가 가시화됐는지는 의문스럽다. 첫째 법이데올로기를 의문시하는 효과가 달성됐는지, 둘째 '노동자 시민'이라는 계기를 활성화할 수 있었는지, 셋째 사상적 자

기 검열의 벽을 허무는 효과를 가져올 수 있었는지 말이다.[46]

광장에 모인 개인들은 과연 '연대'하고 있었을까? 아니면 함께 모인 사람들과 그저 함께 있기만 했을까?

근거 없는 대중 낙관론

촛불 집회가 대중 역량의 자율성을 보여주는 계기였던 것은 사실이다. 그러나 그것이 '대중 지성' 또는 '다중의 자율성'에 대한 찬미의 주장으로 나아갈 수 있는지 의문이다. 네그리의 다중론과 1968 혁명에 대한 단순한 해석이 이런 논리 비약을 뒷받침하는 주된 근거이기는 했다. 이런 주장들은 적어도 세 가지 차원에서 문제를 낳는다.

첫째, 수평적 연대에 대한 고민을 '직접 행동'으로 대체한다. 촛불 집회에 대한 글들에서 나타나는 혼동 중 하나는 '직접 행동'과 '직접민주주의'를 혼동한 것이었다. 대중이 거리로 나와 스스로 외치고 발언하는 것은 직접민주주의를 위한 계기일 수는 있으되 그 자체로 직접민주주의가 되는 것은 아니다. 그 차이는 저항 자체가 변혁이 되지 못하는 것만큼이나 크다. 앞서 이야기했듯이 수많은 불만은 표출되고 병렬됐지만 집중점을 갖고 있지는 않았는데, '다

---

46 백승욱, '촛불의 광장을 대중적 정치주체 탄생의 공간으로'

중'의 직접 행동의 주장들은 이런 측면을 혼동하고 있다. 민주주의와 관련한 쟁점들이 형식적으로 직접인가 간접인가처럼 이상한 방식으로 전개된 것도 사실 민주주의 논의에서 핵심인 수평적 연대의 쟁점이 묻혀버렸기 때문인 것으로 보인다.

둘째, 대중의 복잡성을 단순화한다. 대중들의 자기 동일성은 복합적이다. 광장에 나온 대중과 다시 '집'으로 돌아가는 대중의 삶은 모순적이기는 하지만 공존하지 않는 것은 아니다. '국민' 주권을 요구하는 대중과 비정규직 및 이주노동자를 차별하는 대중의 삶도 모순적이나 양립할 수 없는 것은 아니다.[47] 광우병에 대한 공포와 극단적인 가족주의는 어렵지 않게 양립 가능한 것이었다. 대중에 대한 낙관주의는 대중 스스로도 수용할 수 없을 정도의 논리의 단순성을 지니고 있다. 촛불 집회의 대중은 자신들 스스로 지니고 있는 여러 경계를 무너뜨려야 하는 심각한 고민의 수준까지 나아가지는 않았다.

셋째, 다중의 자율성과 역량에 대한 찬미는 사실 이론의 무용성이라는 반격을 받게 된다. 대중의 행동이 자율적인 역량을 표출하고 대중이 권력을 전도할 역량을 갖고 있다는 주장 자체는 누구를 위해 그리고 무엇 때문에 필요한 주장인가? 대중을 위한 것이라면

---

47 국가주의에 사로잡힌 대중들의 한계에 대해서는 촛불 집회 시점에서도 다소의 지적이 있었는데, 예컨대 신기섭의 글 '올바른 정세분석을 위하여: 대중은 진보적인가?'(참세상 2008.6.18.)의 논쟁적 문제 제기를 들 수 있다.

2008년 6월 광화문 광장의 백만 촛불을 막아선 거대한 콘테이너벽.
시위 참가자들은 '명박산성'이라 희화화했다. 사진 참여연대

대중은 이미 충분히 힘을 갖고 있으므로 그런 주장이 새삼 필요하지 않을 것이고, 그것을 통해 운동의 새로운 계기를 돌파할 것으로 예상하기도 힘들 것이다.

반지성주의라는 쟁점

이와 연관되어 촛불 집회에 잠재되어 있지만 늘 현재화할 수 있는 문제로 반지성주의라는 쟁점이 숨어 있다. 이것은 세 가지 차원의 문제로 제기될 수 있다.

첫째, 광우병 위험 소고기 수입 반대 촛불 집회와 '괴담'이라는

문제를 살펴볼 필요가 있다. 괴담은 광우병 반대 집회의 규모를 대대적으로 불리는 '공포'로서 작용했다. 괴담이란 충분한 근거는 없지만 그 배경에 상당한 공포를 깔고 있는 어떤 주장이고, 그것이 위협이 되는 이유는 일반적 가능성을 담고 있기 때문이라고 할 수 있다. 그런데 거기까지가 기여일 것이고, 괴담이 '비판'을 대체하게 되면 스스로의 힘으로 작동하기 시작한다. 그렇게 되면 괴담은 다시 공격이 되어 되돌아오는 부메랑으로 작용한다. 촛불 집회가 신자유주의 반대로 나아가지 못한 것, 정치의 전화 대신 모든 정치에 대한 거부감이 팽배한 것으로 끝난 것도 이 '괴담'과 비판 사이의 거리라는 문제와 관련 있어 보인다.

둘째, 괴담의 배경에는 '유사 과학'이 있다. 그것은 진지한 이론적 노력을 대체하는, 그렇지만 외형상 매우 체계적인 지식의 형태를 갖춘 어떤 논리들을 말하는데, 그 지식은 하룻밤이면 사람들 대부분을 지식인으로 만들어주는 단순함을 갖고 있다. 물론 거기에는 여러 '전문 용어들'이 배치돼야 한다. 촛불 집회는 광우병 자체와 관련한 매우 세부적인 지식들이 전문화되어 인터넷을 통해 전파되는 가운데 이를 습득한 이른바 '대중 지성'의 등장이라는 특징을 보여주었다. 그리고 이런 '대중 지성'이 정세에 대한 과학적 분석을 대체하게 된다. 광우병, 신자유주의, 정치, 이 모든 것은 누구나 쉽게 알 수 있는 것이 됐다.

셋째, 그래서 이론의 특별한 지위는 사라지게 됐다. 여기서 이론이라 함은 위에서 모든 것을 내려다보는 제3자 입장에서 조망하는 것을 말하는 것은 아니다. 그 대신 그것은 "대중들이 이미 알고 있지만 넘어서기를 꺼려하는 그 지점에 문제를 집중함으로써 대중스스로 그 경계들을 깨고 넘어서게 돕는 것"을 말한다. 그렇게 "해방의 계기들을 마련하려 하지 않고, 대중 스스로 낯설음보다는 편안함 속에서 (다소 우려감을 가지면서) 안주하려고 하는 것을 추종하려 할 때" 이는 "결국 대중의 탈정치화로 나가는 길을 닦을 뿐"이다.[48]

이런 점에서 촛불 집회 자체가 반지성주의였던 것은 아니지만 그것이 담고 있는 반지성주의와 반정치의 요소들은 실패 이후 오히려 더 강화돼온 것으로 보인다. 그리고 반지성주의와 반정치 양자는 서로를 강화하는 요소로 작용했다.

쟁점: 수평적 연대와 대중 주체의 전화

정치는 단지 기존 구조에 대한 반발이나 풍자가 아니라 그 구조를 전화하고 전복하기 위한 시도다. 그리고 진정한 정치가 가능하려면 분열되고 분할되어 있는 경계들을 넘어서려는 새로운 구성의

---

48 백승욱, '촛불문화제 넘어 대중적 정치주체의 탄생을 향해'. 이런 점에서 신기섭의 글 '미네르바 현상과 '집단지성'의 허구 폭로'(참세상 2008.11.21.)에 나오는 '대중 지성'의 주장을 반박하는 논의도 흥미롭게 읽힌다.

시도, 보편성을 통한 새로운 구성의 시도가 불가피하다. 그것은 대중의 삶 속에서 자생적으로 분출되어 나타나는 저항의 움직임만으로는 불가능하고 횡적인 연대와 더불어 대중 주체 스스로 전화하려는 노력이 필요하다. 여기서 보편성의 정치의 필요성과 경계를 넘어서기 위한 지원으로서 이론의 중요성이 제기된다.

2008년 촛불 집회가 부딪친 가장 큰 한계점은 광장의 저항이 자신의 생산·재생산의 공간으로 확산되거나 이전되지 못하고, 그 결과 결국 대중 주체의 전화와 새로운 구성에도 성공하지 못했다는 점이다. 광장에서의 집회를 마치고 개인들은 '집'으로 돌아갔다. 저녁의 광장 집회와 뒤이은 대낮의 일상생활은 서로 변화를 주고받지 않는 물과 기름처럼 남아 있었다. 그것이 광장의 변화를 '축제'로 잡아두고 해방으로 나아가지 못하게 만든 주요한 한계였다. 그런 점에서 촛불 집회는 1987년의 경험만큼도 나아가지 못했다.

1987년은 무엇보다도 그해 7월~9월 이어져 대중 투쟁으로 전개됐다는 점에서 중요했다. 그 중요성은 투쟁의 공간이 일상적 삶의 생산·재생산의 공간으로 확대됐으며 싸움을 위해 대중들 주체 자신의 변화가 무엇보다 핵심적이었다는 점에 있었다. 1987년의 대중들은 늘 넘어서야 하는 경계의 시험 속에 있었고 늘 경계를 넘어서지 않을 수 없는 고민 속에 있었다. 그 고민들이 지속된 것은 투쟁의 공간과 삶의 공간이 유리될 수 없었던 조건 때문이었다. 그리고 그 공간을 변혁하기 위해 조직화와 더불어 스스로를 지성적 주체로서 전화하려는 이론의 학습 또한 매우 중요한 위상을 차지했다.

그러나 2008년 광장에 나온 주체들은 일상적 삶의 공간과 투쟁의 공간 간의 괴리, 삶의 전화와 이론적 전화의 시도 사이의 괴리를 극복하고 한 걸음 더 전진하는 데 많은 장애물을 안고 있었다. '시민'에 대한 수많은 논의가 있었는데도 정작 대중운동 없는 시민운동이 대중 없는 '시민'을 표상하고 있는 상황, 그리고 '시민'으로 전화한 대중적 주체 없이 자본에 의해 장악된 재생산 공간 속에 갇혀 있는 '소비자 시민'만이 존재하는 현실을 전환하지 못했다. 생산·재생산 공간의 전화를 지향하는 정치를 살려내지 못하는 상황은 경계에 대한 고민도, 경계를 넘어서기 위한 자기 자신의 주체적 조건의 전화도 촉발하지 못하는 한계를 보였다.

해방은 대신 될 수 없고 대중 스스로의 주체적 전화를 요구한다는 점, 그리고 그 주체들은 자기 삶의 공간을 이루고 있는 구조 자체를 변혁하지 않고는 해방을 달성할 수 없다는 점, 그리고 이런 변환은 경계를 넘어서는 연대를 끊임없이 요구한다는 점, 이 셋은 정치를 정치로서 사고하기 위한 필요조건이 아닐 수 없다.[49] 촛불 집회는 이렇게 정치의 조건들에 대한 문제를 던졌지만 문제 제기로만 머물렀을 뿐 대중적 대응 속에서 새로운 돌파구를 찾지는 못했다.

---

[49] 이러한 정치의 세 가지 조건에 대해서는 발리바르(2007)를 참조

2008년 6월 10일 서울 광화문 일대
는 촛불을 든 시민들로 가득했다.
사진 광우병 국민대책회의

　그런 점에서 촛불 집회를 분석하는 이론들이 보여주는 '낙관주
의'는 매우 우려스럽다. 이론은 촛불 집회에서 나타나는 대중의 자
율성의 낙관적 측면을 강조하기보다, 그 자율성이 넘어서지 못하
는 경계들을 적극적으로 지적하고 그 한계를 드러내는 입장을 채
택했어야 했다. 그런 점에서 이론은 늘 오히려 '비관주의적'이어야
하며, 대중에 대한 상찬으로 가득한 이론적 낙관주의는 결국 대중
스스로를 환상에 빠져들게 하고 정세의 엄혹함을 회피하게 만드는
알리바이에 불과할 수 있다. 더욱이 정세에 대한 잘못된 판단에 기
초해, 절망 속의 대중들이 표출하는 탈정치화의 전망을 대중적 봉

기로 오해해서는 안 되는 시점에 등장하는 이론적 오해는 대중에게 독이 될 뿐이다.

(2009년 3월)

후기

: 다시 읽어보니

2008년 촛불 또한 기이한 현상이었다. 이때 촛불은 그에 앞선 신자유주의적 구조조정 때문에 발생한 누적된 불만의 폭발점이었지만 그 진행 방식에서는 8년 후에 일어날 촛불의 문제를 미리 시연했다고 할 만큼 여러 한계를 보였다.

촛불은 미국 소고기 수입 협상의 문제점에서 시작된 '광우병 파동'의 형태를 띠었다. 그렇지만 수입 협상에 대한 불만과 불안의 출발점은 노무현 정부 시절의 한미 FTA 협상에서 확인된 것이고 그로부터 시작된 것이었다. 급속히 진행되는 신자유주의화와 세계 시장 규율의 강화는 1997년 외환 위기 이후 지속적으로 누적되는 위기감을 한층 더 고조시켰다. 그런 점에서 2008년 위기를 짧은 시기의 구도에서 이해해서는 안 되고 앞선 신자유주 전환의 일련의 구도, 일련의 변동의 귀결점으로 이해할 필요가 있다.

세계화의 무책임한 귀결점에 준비돼 있지 않은 YS의 실정, 취임과 더불어 IMF 굴욕을 맞닥뜨리지만 외부적이지만은 않은 DJ의 변신, 좌회전 깜빡이를 켜고 우회전한 노무현의 FTA로의 출발, 그 귀결점으로서 MB의 등장, 이렇게 이어진 사건이었다.

'광우병 반대 촛불'은 MB만의 책임은 아니지만 그의 대응 방식에서 발화점이 발생했고, 광우병은 핵심은 아니지만 중요한 쟁점이 됐다. 한국 사회에서 늘 되풀이되는 것이지만 국가가 위험 관리를 시장에 넘기고 그것을 개인 소비자의 '합리적 선택'에 맡기는 언어를 구사할 때 대중적 위기감이 고조되는 것이다.

그래서 2008년 촛불의 배경에 놓여 있던, 신자유주의에 대한 비판 그리고 신자유주의적 전환이 가져오는 위험성에 대한 대중적 우려를 이해하는 것이 중요하다. 그렇지만 동시에 문제는 이런 반신자유주의적 운동의 지향이 '광우병 미국 소 수입 반대'로 직결되는 방식이 과연 적절했는지 논의할 필요가 있고 방향을 전환할 노력을 했어야 한다는 점이었다. 대중의 분노는 광우병이라는 상징에 꽂혔지만 광우병으로 문제를 풀어가기 어려운 시점이었다. 대중이 궐기하면 문제가 곧바로 해결되는 것은 아니다.

이 시기에도 사회운동이 여기에 개입해 방향 전환을 시도하는 것에 대해 '지식인주의'나 우월 의식의 산물이라는 비난이 팔구 년 뒤 벌어지는 촛불 때와 마찬가지로 이미 쏟아지고 있었다. 대중의 올바름은 스스로 길을 열어나가는 것인지, 여기서 무너지면 다시 그 힘이 회생될지를 두고 적절한 비판이 설 자리가 확보되기는 어려웠다.

어찌 보면 2008년, 아니 그 이전부터 사회운동과 거기에 연관된 지식인들은 자신의 책무를 포기하고 대중의 위대함을 찬미하면서 뒤쫓아 다니기를 반복한 건 아닐까. 대중이 촛불의 광장에 나서면 그 위대함을 찬미하고, 광장에서 물러서면 그들은 촛불을 준비하며 생활 현장에서 힘을 쌓고 있다고 다시 찬미하면서 조만간 촛불에 나서리라고 예측하는 일 이상을 했을까. 그럼, 대체 어떤 분석이 필요할까.

당시 촛불을 보면서 그리고 촛불에 나선 대중에 대한 지식인들의 다양한 찬미를 보면서 전태일의 말을 떠올린 것이 그때쯤이었던 것 같다. 전태일이 남긴 말, '나에게 대학생 친구가 한 명 있었으면'을 대부분 지식인들은 심각하게 오해해 자신의 지식인의 나태함을 덮는 알리바이로 쓰고 있는 게 아닐까. 많은 사람이 이 말을 전태일의 홍보실장 역할, 즉 당신이 얼마나 훌륭한지 찬미하는 잘못된 친구로 오해했던 것 같다. 그렇지만 전태일이 요구한 '대학생 친구' 역할은 오히려 '정세분석실장' 같은 것이 아니었을까. 이 친구의 역할은 최대한의 이론적 비관주의에 기울어 있어야 했을 것이다. 매번 선택마다 실패할 백 가지 이유를 제시해야 할 테고. 정치적 판단은 전태일의 몫이고, 친구로서 그에게 도움을 줄 수 있는 것은 잘못된 한 번의 판단이 얼마나 심각한 후과를 가져올지 그리고 어떤 선택을 하더라도 부정적 결과가 어떻게 예견되는지를 항상 심각하게 지적하는 일이었을 테다.

그렇게 본다면 2008년 촛불 이후 한국 사회가 보여준 것은 지식인이 지식인 되기를 포기한 사회 아니었을까. 여기서는 통치에 대한 분석도, 사상적 논쟁도 점점 소멸해가고 지식인들이 항상 대중을 볼모 잡아 자신의 목소리를 키우기만 할 뿐이다.

2008년 촛불에서 확인되는 또 하나의 질문은 해방과 축제의 차이점이었다. 광화문 촛불의 경험은 삶의 장소에서의 부당함과 억압을 해결하는 데 얼마나 기여하나. 그렇지 않고 삶의 현실은 그대로 둔 채로 계속 해소의 장소로서 촛불의 광장을 찾아 나왔다가 항상 허전함을 느끼며 다시 변화가 없는 삶의 장소로 되돌아가야 하나. 촛불은 두려움에 떨면서 매번 결단의 상황에 직면하는 곳이 아니라 쉽게 나오고 쉽게 돌아가는 자리로서 축제 같은 것으로 끝난 것이 아닐까. 이런 질문을 제기해보려 했다.

2008년 촛불이 일어난 시기 나는 사회진보연대 공동운영위원장을 맡고 있었고 몇 해 전에는 한미 FTA를 비판적으로 분석한 공동작업 저서에 서문을 쓰기도 했었다.[50] 사회진보연대의 실천을 함께 논의하면서 촛불의 의미를 단순히 무시할 수는 없지만 그렇다고

---

50 사회진보연대, 〈한미 FTA 이미 실패한 미래〉(사회운동, 2006)

넘쳐나는 상찬들에 따라가서는 안 되고 비판적 거리를 둬야 한다는 점을 강조하려 했다. 그런 논의와 실천을 배경으로 내 생각을 당시에 만들어 운영하던 개인 홈페이지 게시판에 올렸다. 그 글에 대해 여러 대응이 있었고 비난도 없지 않았다. 그때 확인된 사람들의 태도는 이후 2016~2017년 촛불 때도 비슷이 되풀이됐다.

촛불이 사그라들고 1년 후 당대비평을 중심으로 논의를 하던 사람들로부터 2008년 촛불에 대한 비판적 평가를 해보자는 연락을 받았고 작은 토론회를 거쳐 그 결과가 책자로 묶여 나왔다. 〈그대는 왜 촛불을 끄셨나요〉라는 다소 엉뚱한(가수 조용필을 곧바로 느끼는지 아닌지에 따라 세대가 나뉠) 제목의 책이었고, 촛불과 대중에 대한 상찬 일색인 상황에 아주 드물게 다른 목소리, 다른 측면을 살펴볼 필요성을 강조한 작업이었다고 할 수 있다.

2016~2017년 촛불을 평가하는 글('2016년 촛불 항쟁과 '박근혜 없는 박근혜 체제'의 지속')을 쓸 때 나는 이 글을 다시 읽어보았고 같은 우려가 시간을 지나서도 반복될 수밖에 없음을 확인했다. 그래서 그 글 마지막에 2008년 촛불 평가의 관점을 그대로 다시 옮겨 적었던 것이다.

참고 문헌

91년 5월 투쟁 청년모임 펴냄, 2002. 〈그러나 지난 밤 꿈속에서 이 친구들이 나에 대하여 이야기하는 소리가 들려왔다 1991년 5월〉, 이후

강경석 외, 2019. 〈촛불의 눈으로 3.1운동을 보다〉, 창비

강원택, 2012. '3당합당과 한국 정당정치' 〈한국정당학회보〉 11권 1호, 171~193쪽.

고바야시 게이지, 1992. 〈김영삼: 한국현대사와 더불어〉, 코리아헤럴드

고승철 · 이완배, 2013. 〈김재익 평전〉, MSD미디어

고원, 2013. '민중민주(PD)파 학생운동의 집합적 특성과 메커니즘' 〈학생운동의 시대〉, 이호룡 · 정근식 엮음, 선인

김대중, 2010. 〈김대중 자서전 1〉, 삼인

김영삼, 2000. 〈김영삼 회고록: 민주주의를 위한 나의 투쟁 3〉, 백산서당

김영삼 외, 1990. '새사고 새정치로 민주화와 통일을' 〈관훈저널〉 49호, 247~280쪽

김영수 · 김원 · 유경순 · 정경원, 2013. 〈전노협 1990~1995〉, 한내

김영수, 2004. '민주적 전환기의 한국정치와 의회정치의 위기: 1991년 〈공안-정치-항의〉의 정치적 대립' 〈역사와 사회〉 33집, 201~236쪽

김원. 2018. '민주노조운동의 지연, 1987, 1998 그리고 또 20년' 〈문화과학〉 94호, 64~83쪽

김원, 2011. 〈잊혀진 것들에 대한 기억: 1980년대 대학의 하위문화와 대중정치〉, 이매진

김일영(김도종 엮음), 2011. 〈한국 현대정치사론〉, 논형

김정한, 2020. 〈비혁명의 시대: 1991년 5월 이후 사회운동과 정치철학〉, 빨간소금

김정한, 1998. 〈대중과 폭력: 1991년 5월의 기억〉, 이후

김종엽 엮음, 2009. 〈87년체제론: 민주화 이후 한국사회의 인식과 새 전망〉, 창비

김종인, 2020. 〈영원한 권력은 없다〉, 시공사

김창우, 2020. 〈애도하지 마라 조직하라〉, 회화나무

김창우, 2007. 〈전노협 청산과 한국노동운동: 전노협은 왜 청산되었는가〉, 후마니타스

김학준, 2001. 〈가인 김병로 평전〉, 민음사, 2001

김형아, 2005. 〈유신과 중화학공업: 박정희의 양날의 선택〉, 신명주 옮김, 일조각

노태우, 2011a. 〈노태우 회고록 상: 국가, 민주화 나의 운명〉, 조선뉴스프레스

노태우, 2011b. 〈노태우 회고록 하: 전환기의 대전략〉, 조선뉴스프레스

노하린, 2011. 〈김문수 스토리 靑〉, 서울문화사

박근호, 2017. 〈박정희 경제 신화 해부: 정책 없는 고도성장〉, 회화나무

박상훈, 2009. '민주화 이후 정당체제의 구조와 변화' 〈87년체제론: 민주화 이후 한국사회의 인식과 새 전망〉, 220~239쪽

박세일, 1994. '노사정관계의 새로운 지평' 〈산업관계연구〉 4호, 151~166쪽

박세일, 1991. '90년대 노사평화를 위한 정부의 역할: 사회적 합의와 정부 역할' 〈산업관계연구〉 창간호, 115~122쪽

박인배, 1993. '민중문화운동의 평가와 전망' 〈실천문학〉 11월호, 271-291쪽

박철언, 2013. '구술 대상 박철언' 〈한국대통령 통치구술사료집 3: 노태우 대통령〉, 선인

박철언, 2005a. 〈바른 역사를 위한 증언 1〉, 랜덤하우스중앙

박철언, 2005b. 〈바른 역사를 위한 증언 2〉, 랜덤하우스중앙

박태균, 2014. '남남갈등으로 표류한 김영삼 정부의 대북정책' 〈통일과 평화〉 6집 1호, 3~47쪽

발리바르, 에티엔, 2007. '정치의 세 개념: 해방, 변혁, 시빌리테' 〈대중들의 공포: 맑스

전과 후의 정치와 철학〉, 도서출판 b

백낙청, 2009. '6월 항쟁 20년에 본 87년 체제' 〈87년체제론: 민주화 이후 한국사회의 인식과 새 전망〉, 56~71쪽

백승욱, 2022a. '우크라이나 전쟁과 동아시아 지정학의 변화' 〈경제와사회〉 135호, 198~229쪽

백승욱, 2022b. '촛불의 오해, 차도(借刀) 응징, 그리고 자유주의라는 질문' 〈황해문화〉 115호, 203~228쪽

백승욱, 2022c. '중국공산당 역사결의를 통해 본 시진핑 체제의 성격' 〈마르크스주의 연구〉 19권 2호, 10~33쪽

백승욱, 2022d. '우크라이나와 대만위기는 연결된다… '노'라고 할 수 있는 한국이 중요'(인터뷰) 한겨레신문, 2022.3.9.

백승욱, 2022e. '우크라이나 위기를 통해 본 동요하는 얄타체제: 단일 세계주의라는 잊힌 출발점을 돌아보기' 〈문명과 경계〉 5호, 15~61쪽

백승욱, 2021. '되돌아보는 1991년: '87정세의 자유주의적 포섭 시도'와 잊힌 퇴조의 출발점' 〈경제와사회〉 2021년 130호, 12~54쪽

백승욱, 2020a. '투쟁을 해야 할 때 제대로 투쟁하는 노동자 조직을 세우기 위하여: 계급적 관점에 선 민주노총 역사에 대한 비판'(서평 논문) 〈마르크스주의 연구〉 17권 3호, 151~269쪽

백승욱, 2020b. '미국 헤게모니 형성기 동아시아 국가간체계 질서의 변동: 월러스틴의 이론 자원으로 검토한 냉전 형성 과정과 중국 변수' 〈아시아리뷰〉 제10권 2호, 35~81쪽

백승욱, 2020c. '지금 다시 마르크스주의의 질문을 재개해야 할 이유: 알튀세르와 발리바르의 프롤레타리아 독재론과 사회주의라는 질문' 〈마르크스주의 연구〉 17권 2호, 12~39쪽

백승욱, 2019a. '마르크스에게서 재생산 개념의 형성과 체계의 사고' 〈마르크스주의 연구〉 16권 2호, 12~53쪽

백승욱, 2019b. '동아시아 단절의 담론구성체 형성의 맥락에서 살펴본 3·1운동의 사상사적 전환의 공백' 〈사회와역사〉 121집, 39~92쪽

백승욱, 2017a. '자본주의의 역사-제도적 조건과 자본주의적 소유라는 질문', 〈마르크스주의 연구〉 14권 4호

백승욱, 2017b. '촛불 항쟁과 '박근혜 없는 박근혜 체제'의 지속' 〈말과활〉 13호, 126~139쪽

백승욱, 2013. '한국 1960~1970년대 사유의 돌파구로서의 중국 문화대혁명 이해-리영희를 중심으로' 〈사이間SAI〉 14호, 105~148쪽

백승욱, 2012. 〈중국 문화대혁명과 정치의 아포리아: 중국문혁소조장 천보다와 조반의 시대〉, 그린비

백승욱, 2009. '경계를 넘어선 연대로 나아가지 못하다: 촛불의 낙관주의에 대한 어떤 우려' 〈그대는 왜 촛불을 끄셨나요: 폭력과 추방의 시대, 촛불의 민주주의를 다시 묻는다〉, 당대비평 기획위원회 엮음, 산책자, 36~50쪽

백승욱, 2008. '노동자 운동 위기 속에 되살아오는 전노협'(서평) 〈진보평론〉 36호, 319~323쪽

백승욱, 2007. 〈문화대혁명: 중국 현대사의 트라우마〉, 살림

백승욱 · 이지원, 2015. '1960년대 발전 담론과 사회개발 정책의 형성' 〈사회와역사〉 107집, 349~388쪽

션즈화, 2014. 〈조선전쟁의 재탐구: 중국 · 소련 · 조선의 협력과 갈등〉, 김동길 옮김, 선인

손호철, 2017. 〈촛불혁명과 2017년 체제〉, 서강대학교출판부

오건호, 1991. '개량 문제에 대한 정치경제학적 접근' 〈현실과 과학 9〉, 새길

오형석, 2019. '한국 발전국가 전환과 1997년 한보사태', 중앙대학교 사회학과 박사학위 논문

월러스틴, 이매뉴얼, 2005. 〈월러스틴의 세계체제 분석〉, 이광근 옮김, 당대

월러스틴, 이매뉴얼, 1996. 〈자유주의 이후〉, 강문구 옮김, 당대

유경순, 2015a. 〈1980년대, 변혁의 시간 전환의 기록 1: 학출활동가와 변혁운동〉, 봄날의박씨

유경순, 2015b. 〈1980년대, 변혁의 시간 전환의 기록 2: 학출활동가의 삶 이야기〉, 봄날 의박씨

유철규, 2009. '80년대 후반 이후 경제구조 변화의 의미', 〈87년체제론: 민주화 이후 한 국사회의 인식과 새 전망〉, 240~258쪽

윤상철, 1997. 〈1980년대 한국의 민주화이행과정〉, 서울대학교출판부

이근, 2012. '노태우 정부의 북방외교' 〈노태우 시대의 재인식: 전환기의 한국사회〉, 강 원택 편, 나남, 167~199쪽

이용식, 1993. 〈김영삼 권력의 탄생〉, 공간

이장규 외, 2011. 〈경제가 민주화를 만났을 때: 노태우 경제의 재조명〉, 올림

이재성, 2010. '인천 민중예술과 민주노조운동에 대한 시론적 연구' 〈인천학 연구〉 13호, 1~45쪽

이정철, 2012. '외교-통일 분화기 한국 보수의 대북정책' 〈노태우 시대의 재인식: 전환 기의 한국사회〉, 강원택 편, 나남, 237~267쪽

이진경 · 김진국 · 김학원 · 노회찬 외, 1991. 〈선진노동자의 이름으로: 노동계급의 정치 세력화를 위한 민중 민주주의 진영의 사상과 실천〉, 소나무

이한구, 2010. 〈한국재벌사(개정판)〉, 대명출판

임필수, 2020. '김영삼 정부 시기의 통일운동: 왜 통일운동은 1990년대 탈냉전기에 오 히려 위기에 빠져들었나?' 〈계간 사회진보연대〉 172호

전리군(첸리췬), 2014. '문혁의 질문과 그 복잡성을 마주하며' 〈황해문화〉 83호, 223~235쪽

전재호, 2004. '1991년 5월 투쟁과 한국 민주주의: 실패의 구조적 원인과 그 의미' 〈한 국정치학회회보〉 38(5), 153~176쪽

정정길, 1994. 〈대통령의 경제 리더십: 박정희, 전두환, 노태우 정부의 경제정책관리〉, 한국경제신문사

조성욱, 2012. '기업과 정치권 관계 전환기의 대기업 정책' 〈노태우 시대의 재인식: 전환 기의 한국사회〉, 나남, 325~341쪽

조정로, 2015. 〈민주 수업〉, 연광석 옮김, 나름북스

주대환, 2008. 〈대한민국을 사색하다〉, 산책자

지주형, 2011. 〈한국 신자유주의의 기원과 형성〉, 책세상

최장집, 2010. 〈민주화 이후의 민주주의: 한국 민주주의의 보수적 기원과 위기〉, 후마니
타스

푸코, 미셸, 2012. 〈생명관리정치의 탄생〉, 오트르망 옮김, 난장

푸코, 미셸, 2011. 〈안전, 영토, 인구〉, 오트르망 옮김, 난장

한국행정연구원, 2014. 〈대한민국 역대 정부 주요 정책과 국정운영 4: 노태우 정부〉, 대
영문화사

한홍구, 2016. 〈사법부: 법을 지배한 자들의 역사〉, 돌베개

石仲泉, "党的百年奋斗之花: "两个确立"的跃升", 〈理论建设〉第一期, 2022, p.17

Seung-wook Baek, "The Formation and the Limits of the People's Democracy: A
Critical History of Contemporary South Korean Marxism," in Joyce C. H. Liu and
Viren Murthy eds., *East-Asian Marxisms and Their Trajetories*, Routledge, 2017,
pp.175~192

원문과 논문 출처

'2022년 20대 대선 평가: 촛불의 오해, 차도 응징, 그리고 자유주의라는 질문'

__ 2022월 4월 8일 비판사회학회가 주최한 제23회 비판사회학 콜로키움 '20대 대선평가 집담회'에서 발표한 내용을 정리하고 덧붙인 글로, 〈황해문화〉 115호에 실렸다.

'되돌아보는 1991년: '87 정세의 자유주의적 포섭의 시도'와 잊힌 퇴조의 출발점'

__ 비판사회학회 회장을 맡은 2021년의 5월에 비판사회학회가 주최한 제18회 비판사회학 콜로키움 '한국사회 진보개혁운동에 대한 성찰과 전망'에서 발표했고, 〈경제와 사회〉 130호에 실렸다.

'2016년 촛불 항쟁과 '박근혜 없는 박근혜 체제'의 지속'

__ 2016년 12월 10일 서강대에서 개최된 한국문화연구학회 가을 정기 학술대회의 특별 세션 '촛불정국과 문화연구'의 토론 발표를 위해 준비한 발표문과 탄핵 1국면을 지나면서 개인 블로그에 적은 단상들에 기초해 작성한 글이다. 이후 2017년 〈말과 활〉 13호에 실렸다.

'2008년, 경계를 넘어선 연대로 나아가지 못한 촛불'

__ 2008년 사회진보연대 내부 토론회를 위해 작성한 초안을 개인 홈페이지에 수정해 게재했던 글이다. 2009년 당대비평 기획위원회가 엮은 책 〈그대는 왜 촛불을 끄셨나요: 폭력과 추방의 시대, 촛불의 민주주의를 다시 묻는다〉에 '경계를 넘어선 연대로 나아가지 못하다'라는 제목으로 재수정해 실렸다.

1991년 잊힌 퇴조의 출발점
자유주의적 전환의 실패와 촛불의 오해

2022년 12월 8일 1판 1쇄 발행

지은이 백승욱
펴낸이 임후성 **펴낸곳** 북콤마
디자인 *sangsoo* **편집** 김삼수
등록 제406-2012-000090호
주소 (413-756) 경기도 파주시 문발동 파주출판단지 534-2 201호
전화 031-955-1650 **팩스** 0505-300-2750
이메일 bookcomma@naver.com
블로그 bookcomma.tistory.com
ISBN 979-11-87572-39-8 03300

책값은 뒤표지에 있습니다.

˒ BOOKCOMMA